Akal

LOS CAPRICHOS 17

AF218291

Diseño de interior y cubierta: RAG

Título original: *Au loin la liberté*

© La Fabrique Éditions, 2024

© Ediciones Akal, S. A., 2025
para lengua española
Sector Foresta, 1
28760 Tres Cantos
Madrid - España
Tel.: 918 061 996
atencion.cliente@akal.com
www.akal.com

ISBN: 978-84-460-5688-1
Depósito legal: M-6982-2025

Impreso en España

Jacques Rancière

La libertad en lontananza
Ensayo sobre Chéjov

Traducción de
Francisco López Martín

ARGENTINA / ESPAÑA / MÉXICO

NOTA DEL TRADUCTOR

En las referencias bibliográficas, se han dejado a propósito las transliteraciones al francés de los nombres de los autores rusos (A. Tchekhov, I Bounine), pues pensamos que hay que considerarlos parte constitutiva de las mismas.

Por lo demás, para las traducciones de los textos de Chéjov se ha tomado como referencia la edición de los cuentos completos publicada por Páginas de Espuma.

El sueño del vagabundo

Se trata de un cuento de 1886 titulado *Ensueños*, uno de los relatos que, ese año, hizo que el joven Antón Chéjov se diera cuenta, con la ayuda de unos cuantos lectores privilegiados, de que no era un simple animador de pequeños periódicos populares, sino un escritor de verdad. A primera vista, sin embargo, es la historia más sencilla que se pueda imaginar. Tres hombres marchan por un camino. No sabemos de dónde han partido. Y la historia termina sin que hayan llegado a su destino. El único acontecimiento fáctico es una pausa. Su propio caminar parece desmentir cualquier cambio de lugar. El camino embarrado en el que se hunden sus pies es justo el mismo delante que detrás. Y, a su alrededor, la niebla blanquecina forma un muro que cierra toda perspectiva y acentúa la sensación de deambular inmóvil en un espacio indefinidamente semejante a sí mismo.

Por supuesto, hay una razón para su trayecto, y se nos brinda en la frase de inicio, que a primera vista resume toda la historia. La acción no es más que una simple rutina de la vida en el campo: dos policías llevan a un vagabundo a la ciudad. A los dos policías se los caracteriza con un par de pinceladas, a la manera de un narrador humorístico: uno es fornido y de piernas cortas, el otro largo y enjuto como una estaca. Pero empiezan a surgir problemas, y la superficie lisa de este relato insignificante se vuelve más profunda con la personalidad del tercer hombre: el vagabundo que no recuerda su nombre y que parece cualquier cosa menos un mendigo.

Resolver este doble enigma, averiguar por qué ya no sabe su nombre y se parece tan poco a su personaje, es el tema de una nueva narración que atraviesa la uniformidad de este paseo. La investigación la dirige el hombre bajito, que responde al nombre de Ptaja. Lenta y soñadoramente, como si hablara consigo mismo, el vagabundo sin nombre le responderá y ofrecerá la clave del doble enigma: en primer lugar, su aspecto. Puede que naciera campesino, hijo de una sierva, pero ella había sido doméstica en una casa señorial y lo educó en el amor a la religión, los buenos modales y un lenguaje cuidado. Y, si no parece un campesino, es porque su padre era sin duda un señor, a cuyas insinuaciones no había podido resistirse su piadosa madre. Las cosas se torcieron cuando el señor en cuestión eligió una nueva compañera, lo que tal vez explique el error de la devota madre de verter arsénico por descuido en el vaso con la medicina que el hijo llevaba cada noche al señor. Tal «error» envió a madre e hijo a la cárcel, de la que él escapó. Por eso «olvidó» su nombre, que lo condenaría a volver a la prisión, entre gente grosera, insoportable para sus delicados sentidos, mientras que, como vagabundo, simplemente será deportado a Siberia.

En el transcurso de la conversación, el vagabundo sin nombre se ha convertido en un personaje típico de la ficción moderna: un bastardo, en parte noble, en parte plebeyo, pero también un compendio de la historia de su país, la «sucia» tierra de esclavos y señores estigmatizada en un famoso poema de Lérmontov[1]; una tierra de gigantescas distancias sociales y vecindades enga-

---

[1] «Прощай, немытая Россия, / Страна рабов, страна господ» («Adiós a ti, sucia Rusia, / país de esclavos y señores»).

ñosas cuyo soberano, veinte años antes, había abolido la servidumbre, pero sin hacer realidad la libertad.

Dar contenido a esta libertad es la tarea a la que se dedicará el relato, al introducir una nueva ficción dentro de la ficción. Tal es el trabajo del vagabundo y consiste en transformar el lugar de su destino. En sus observaciones líricas, la Siberia de los deportados se convierte en el país de la libertad. La tierra, dice, es allí inmensa y cada cual puede disponer de toda la que quiera para sembrar, arar y construir; los ríos son anchos y rápidos, protegidos por riberas escarpadas y abetos centenarios, e innumerables peces nadan para deleite de pescadores con caña, con red o con nasas.

Con esta evocación de las tierras vírgenes de la libertad, se interrumpe la simple historia del viaje a la capital del distrito y se suprime la división de papeles entre los policías y el vagabundo. Y es que los sueños son también una realidad: el acuerdo entre una situación, la actuación de un cuerpo y el paisaje de pensamiento que suscita en la mente de las personas. Mientras el vagabundo hable, su tierra libre existe. Los propios policías, esos hombres cuyo trabajo consiste en obedecer órdenes y encerrar a la gente, comparten ahora su sueño; se pintan cuadros de una vida que nunca han conocido, pero cuya imagen quizá les ha sido transmitida por antepasados lejanos o por historias de tiempos inmemoriales: la del hombre libre que se mueve sin trabas en una tierra libre de estepas ilimitadas, ríos anchos y elevados abetos.

En este punto, donde la ficción del vagabundo se pierde en el sueño del país libre, se borra el sentido mismo del viaje y el reparto de papeles. La realidad de su sueño compite con la realidad a la que sirven los policías. Así que uno de ellos tiene que hacerlo callar y cerrar el paréntesis ficticio restableciendo la simple historia del viaje que lleva a un delincuente al lugar donde va a ser juzgado. Este es el papel natural del policía largo y enjuto. En pocas palabras, devuelve al soñador de la libertad a la realidad del viaje que han de completar y a la constatación de su estado: el de un hombre enfermo, ya sin aliento por el breve viaje, que caerá muerto de agotamiento mucho antes de llegar a la Siberia de sus sueños. Con esta simple llamada al orden, las imágenes del país libre se desvanecen de las tres cabezas. Pero no su idea. Y, mientras las nítidas imágenes del proceso judicial que lo espera se instalan en el espíritu del vagabundo, los pensamientos de los policías siguen divagando: «Estiran sus mentes para abarcar con la imaginación lo que tal vez solo Dios es capaz de imaginar, a saber, la espantosa distancia que los separa del país libre»[2].

No otorguemos a Dios más importancia de la que tiene en la prosa del descreído Chéjov. *Dios sabe, Dios sabe qué, Dios sabe quién*: estas expresiones aparecen con frecuencia en la obra del escritor, no para invocar el privilegio de la omnisciencia divina, sino para marcar los límites de lo que los personajes de la historia son capaces de identificar y comprender. Las palabras del vagabundo han socavado el trayecto rectilíneo que, entre dos muros de niebla, conducía directamente a un lugar de confinamiento. Han duplicado el espacio y el tiempo del viaje, instalando en su origen fabuloso y en su destino soñado un punto de referencia que pertenece a otro orden de magnitud: la libertad. La libertad se sitúa a una distancia inconmensurable, pero que, de todas formas, hay que intentar medir. Aunque el vagabundo haya sido despojado de las imágenes de su sueño, este acecha ahora el mismo orden que lo condena. «Es hora de ponerse en

---

[2] A. Tchekhov, «Rêves», *Œuvres*, trad. Edouard Parayre y Lily Denis, París, Gallimard, 1967, t. 1, p. 1387. Por comodidad, todas las referencias remitirán a esta edición, salvo dos relatos que no aparecen en ella (*Luces* y *De visita*). Sin embargo, las traducciones han sido a veces retocadas, con la mirada puesta en las versiones de Denis Roche, André Markowicz y M. Teissier [existe ed. cast. de toda la obra narrativa breve de Chéjov: *Cuentos completos*, ed. Paul Vallejo, diversos traductores, Madrid, Páginas de Espuma, 4 vols., 2015-2017].

marcha, dice el policía. La pausa ha terminado»[3]. Pero la pausa no ha terminado. Permanecerá inscrita en el tiempo uniforme del viaje como un desgarrón irreparable.

Quizá por eso la historia que parecía llevar a los personajes de paseo ahora los deja en mitad del camino. El relato tiene un final porque se detiene. Y carece de él porque los personajes no han llegado al término de su viaje y no sabemos qué pasará con el vagabundo. Como veremos, se trata de una constante en los relatos de Chéjov. Aquí marca el breve trayecto desde el arresto hasta el lugar de detención. Pero también marcará la historia de una aventura amorosa en *Ariadna* o *La dama del perrito* y la de toda una vida en *Mi vida* o *Tres años*. El privilegio del relato breve de *Ensueños* es permitirnos percibir la fuerza discreta que anima esta forma de contar: el sentimiento de una apertura indecisa del tiempo. La era de los esclavos y los señores ha sido declarada formalmente concluida, y, con ella, la uniformidad del tiempo repetitivo de la servidumbre. La libertad aún no ha llegado, pero el nuevo tiempo está bajo el signo de su idea, y esta idea ya no se deja olvidar. La tarea del escritor es situarnos en su horizonte, sin mentir sobre la distancia que nos separa de ella ni ceder ante las exigencias que nos plantea. Es inscribir el desgarro de la libertad lejana en el tiempo de la servidumbre.

---

[3] *Ibid.*

El zumbido de la servidumbre

Para ello, primero hay que tomar la justa medida de la servidumbre. La moral del escritor puede resumirse en dos principios simples, que incluso podríamos calificar de simplistas. El primero es no mentir. El segundo es no temer a la libertad. La verdad es que la libertad da miedo. Si nos resulta lejana, es porque la servidumbre sigue estando muy presente, en primer lugar se sitúa en nuestra cabeza. Es demasiado simple imaginarla tan solo en términos de la violencia de los poderosos y de su policía. Está ante todo en el aire que respiramos y en los efectos que tiene en los cerebros: el de los policías y el del vagabundo. En el poema de Lérmontov, la sucia Rusia era la tierra de los uniformes azules, de los ojos escrutadores y los oídos inquisidores a los que el pueblo se sometía de manera cobarde. Pero ningún lector de *Ensueños* imagina que los policías sean oídos inquisidores susceptibles de transmitir al juez las confidencias del vagabundo. No lo amenazan ni utilizan la violencia. Simplemente le ordenan que siga adelante en lugar de soñar. Pero no lo hacen sin experimentar la distancia que los separa a ellos mismos de la libertad cuyo sueño le están arrebatando. La Rusia de Chéjov no es el imperio de oficiales sádicos, entusiastas del látigo como método de castigo, que la condesa de Ségur, de soltera Rostopchiná, describía a los jóvenes lectores de *El general Durakin*. Es el país de los cerebros moldeados por el recuerdo de los golpes, recibidos o dados. El orden reina allí primero a través del embotamiento. Esta es la lección del relato titulado *En el tribunal*. Un campesino acusado de asesinar a su mujer se asombra al comprobar que los jueces, los jurados y el público de la sala «carecen de rostros amenazadores, miradas indignadas o frases grandilocuentes sobre el castigo»[1]. Lo que se percibe en todos los rostros y en todas las actitudes es sencillamente el aburrimiento de tener que mantener la máquina judicial en marcha, y el sopor provocado por el incansable zumbido del ventilador que acompaña la voz apagada y el monótono recitado del secretario judicial. Todo en la sala de vistas destila paz. Pero la misma paz que tranquiliza al campesino no es más que la indiferencia de la máquina administrativa, que condena de forma rutinaria sin tener que dejarse llevar por ningún sentimiento de justicia o de odio. Significativamente, el relato termina sin darnos a conocer el veredicto. Concluye con la reanudación del curso normal de la vista tras la ocultación de un incidente revelador que podría haber puesto en entredicho toda la acusación. Poco importa que el acusado sea inocente o culpable. Lo relevante es que todo continúa como si nada hubiera pasado, como si nunca hubiese ocurrido nada aparte del zumbido del ventilador y de la máquina administrativa. Eso es la servidumbre: no la sumisión del pueblo llano a los representantes del orden, sino su común sumisión a la repetición de lo mismo; no la obligación de obedecer, sino la imposibilidad de imaginar que las cosas puedan ser de otro modo.

Esta imposibilidad o temor a imaginar la menor desviación del orden de las cosas está encarnada por uno de los personajes más famosos de Chéjov, el *Hombre enfundado* Bélikov, que se preocupa por lo que pueda ocurrir cada vez que sus colegas hacen algo que ninguna circular oficial prohíbe pero tampoco autoriza expresamente. Más que a la ridiculez del personaje, hay que pres-

---

[1] A. Tchekhov, «Au tribunal», *Œuvres*, cit., t. 1, p. 1345.

tar atención a la cruel moraleja de la historia. Tras la muerte del profesor, ahora encerrado en una caja donde nada puede pasarle, sus colegas se sienten por un momento como niños libres. Pero, antes de que haya transcurrido una semana, la vida ordinaria ha reanudado su curso, «una vida tan gris, cansada y absurda, una vida que ninguna circular prohibía, pero que tampoco estaba del todo autorizada»[2]. Quienes se burlan de Bélikov olvidan que no es sino la imagen condensada de la vida que ellos mismos llevan, una vida cuyas posibilidades no creen que les esté permitido explorar.

Esta es la primera herencia de la servidumbre: el miedo a la libertad, es decir, la imposibilidad de pensar que el tiempo pueda dar lugar a algo que no sea la repetición idéntica del orden de las cosas. Lo ilustra un extenso relato de título singular: *Tres años*, título que no anuncia para la ficción otro contenido que su propia duración. Una duración en sí misma indiferente. Estos tres años, que podrían ser cuatro o cinco sin cambiar un solo elemento de la historia, son la versión condensada de una existencia destinada a ser para siempre semejante a sí misma, una existencia marcada por la herencia de la servidumbre. A su protagonista, Alexis Láptev, Chéjov le prestó deliberadamente algunos caracteres de su propia historia. Como él, lo convirtió en nieto de un siervo e hijo de un comerciante; como él, es un niño marcado por el hábito de las correcciones paternas y el peso asfixiante de los rituales religiosos. Sin duda, los negocios de la familia Láptev son mucho más prósperos que los del padre de Chéjov y liberan a su heredero de la obligación de trabajar que pesa sobre el escritor. Pero el oscuro edificio de paredes húmedas y estrechas ventanas enrejadas, donde la voz grave del padre zumba sin cesar como el ventilador del tribunal y cincuenta empleados se revuelven entre cajas y cajones, tiene toda la apariencia de una prisión. Y la servidumbre se imprime en los cuer-

[2] A. Tchekhov, «L'homme à l'étui», *Œuvres*, cit., t. 3, 1971, p. 776.

pos y las almas: en los de los empleados, obligados a vivir en el local y a estar de vuelta a las nueve cada noche; pero también en los de los herederos de la casa, nacidos de una madre aterrorizada por su marido y marcados por los golpes que su padre les infligía cada día, como su propio padre le había hecho a él, sin duda en recuerdo de los que él había recibido de los amos. Esta educación en la servidumbre ha hecho de Láptev un individuo pequeño y flaco, consciente de su insignificancia física. También lo ha convertido en una persona de voluntad débil, temerosa de cualquiera que tenga la menor autoridad: los conserjes y los porteros, así como los agentes de policía; una persona sobre todo incapaz de concebir la posibilidad de la felicidad y de lo que para él es su realidad concreta: un amor compartido. Por eso su historia parece haber terminado antes de empezar. Cuando su amada rechaza bruscamente su declaración de amor, se siente aliviado porque ya no tiene que esperar y aguardar, y puede plantearse la vida tranquila de los que solo han de seguir la simple pendiente de los años: «era necesario abandonar toda esperanza de felicidad personal, vivir sin deseos, sin esperanzas, sin sueños [...] poco a poco llegaría la vejez; su vida tocaría a su fin y ya no habría necesidad de nada más»[3].

La historia podría terminar ahí, en el segundo capítulo. Si tiene quince más, es porque la renuncia de Láptev se encuentra con otra: la de la joven, Julie, que rápidamente se da cuenta de la fragilidad de la razón, en apariencia suficiente, de su rechazo. Ella no lo ama. Pero, pensándolo bien, el amor parece ser un sentimiento pasajero y tal vez solo sea importante en las novelas. En la realidad, existen el matrimonio y la familia. Y el requisito previo de todo ello para una chica joven es una elección razonada entre los posibles partidos. Pero un rápido vistazo a los varones disponibles en su ciudad de provincias lleva a la razonable Julie a la conclusión de que el insignificante Láptev tiene al menos la

---

[3] A. Tchekhov, «Trois années», *Œuvres*, cit., t. 3, p. 381.

ventaja de vivir en Moscú, haber estudiado y saber francés. Así pues, el matrimonio tendrá lugar entre la mujer que ha renunciado a amar y el hombre que ha renunciado a ser amado. Se materializará en el modo socialmente bien definido de una transacción comercial entre un hombre rico y feo, y una chica pobre y guapa.

En las novelas, este tipo de matrimonio conduce a una desgracia previsible: el adulterio y, de manera eventual, el suicidio. Pero Chéjov y su protagonista también han prescindido de los tormentos de la novela. Julie ha firmado un simple contrato con su marido, lo mismo que Irina en *Tres hermanas* o la mujer del protagonista de *Miedo*: no te amo, pero seré una esposa fiel. Lo que también significa: seré una esposa fiel si no me obligas a amarte. Este contrato de servidumbre compartida excluye los grandes dramas de amor y muerte por los que el propio escritor no siente apetito. Estas historias, piensa, son privilegio de los escritores que han nacido hijos de señores. Los hijos de los tenderos, en cambio, no construyen grandes arquitecturas dramáticas; solo hacen pajareras[4]. Así que todo sucederá en los estrechos límites de la pajarera. La única desgracia de Láptev será vivir con una mujer que no le ama y que lo relega a la sola realidad de ser un comerciante y el nieto de un siervo. Julie no engañará a su marido con ninguno de sus amigos, el científico Yártsev, el abogado Kochevói o el eterno estudiante Kish. Solo formará con ellos un pequeño círculo de discusiones y diversiones compartidas, del que lo excluirá.

La historia podría terminar ahí. Pero el final es más cruel en su apariencia misma de reconciliación. Al término de los famosos tres años, cuando la ceguera de su padre y la demencia de su hermano mayor obligan a Láptev a hacerse cargo del negocio familiar, la joven esposa cambia radicalmente de actitud. No se contenta con ayudar a su marido. Le asegura un amor que, según

---

[4] I. Bounine, *Tchekhov,* Mónaco, Éditions du Rocher, 2004, p. 81.

ella, sus mismas ausencias le han permitido sentir. Pero más que en esta declaración, que no esperaba y ya no tiene cabida en su sensibilidad, Láptev piensa en la comida que lo aguarda. De hecho, el amor que le declara su enternecida esposa parece ser resultado de la misma costumbre que rige la hora de la comida. Ella se ha acostumbrado tanto a su presencia que sufre cuando él no está. El amor que ella le ofrece es, en el mejor de los casos, similar al que abruma al protagonista de otro cuento, *El profesor de ruso*, un respetado docente y joven y dichoso marido de una amante esposa, que de repente se da cuenta de que la única salida posible a su «felicidad» es «huir de aquí, huir hoy mismo, o me volveré loco»[5].

Láptev también ha sentido brevemente esta tentación. La noche anterior, sentado en el patio de la fábrica, tras ver las prósperas cuentas del negocio y tomar conciencia de su inexorable futuro como director de empresa esclavizado por su fortuna, ha oído las apasionadas declaraciones y los besos de dos jóvenes invisibles en el jardín vecino. En un instante, ha concebido la posibilidad de mandar a paseo la empresa y sus millones, y abandonar aquel lugar opresivo que siempre había odiado: «Se dirigió al centro del patio, se desabrochó la camisa por encima del pecho y le pareció que iba a hacer que abrieran la verja de inmediato y a marcharse sin volver jamás; su corazón dio un vuelco delicioso ante este anticipo de libertad, soltó una carcajada alegre e imaginó la vida maravillosa, poética, tal vez incluso santa que podría llevar...»[6]. Solo tenía que abrir una puerta. Pero Láptev no la franquea. Permanece allí, sobre los adoquines del patio, consciente de lo que le impide escapar: el hábito de la servidumbre —la servidumbre del hábito— que paraliza los movimientos de su cuerpo del mismo modo que anestesia los deseos de su mente.

---

[5] A. Tchekhov, «Le Professeur de lettres», *Œuvres*, cit.,t. 3, p. 345.

[6] A. Tchekhov, «Trois années», cit., pp. 460-461.

El profesor de ruso termina sin decirnos si su protagonista ha tomado el tren a Moscú. Sin embargo, está claro que Láptev no emprenderá el camino correcto. Ni siquiera se permitirá el día de libertad del que disfruta el estudiante de *Malos caracteres*, que sale con las botas agujereadas y sin un céntimo en el bolsillo de casa de un padre avaro, soñando al mismo tiempo con morir de hambre en la nieve para avergonzar a sus progenitores y con que lo acojan en una casa donde sus quejas serán escuchadas y una joven se enamorará de él, antes de regresar prudentemente a su hogar, cuando empiece a caer la llovizna vespertina. Ante los ojos de Láptev y en su cabeza, no parece haber otro sentimiento que el del paso del tiempo. Observa sus efectos en su mujer, que se ha hecho más fuerte, y en sus sobrinas, que han crecido en los últimos tres años. Y es a ese sentimiento al que se aferra cuando piensa en los trece o treinta años que le quedan por vivir, antes de concluir con las palabras del consentimiento indiferente al curso de los días y las estaciones: «Quien viva, verá».

El canto del telégrafo

El tendero, a su pesar, deja que el tiempo siga su curso. Pero ¿hace algo el tiempo? ¿Va a alguna parte? El escritor no es como su personaje. No puede dejar pasar el tiempo sin más, tiene que pararse en lugares donde se pueda verlo y demostrar que está detenido. Tal es el terraplén en el que un narrador anónimo se encuentra por casualidad una tarde de agosto (*Luces*). Este personaje no tiene sustancia propia, como no tiene ninguna razón concreta para estar allí. Solo sabemos dos cosas de él. La primera, mencionada de pasada, es que es médico. La segunda, que se perdió cuando volvía de la feria. Nunca sabremos qué fue a hacer allí. Pero sí sabemos que la feria es uno de los escenarios favoritos de los coloridos relatos del gran escritor de la estepa, Nikolái Gógol. El médico perdido es, en cierto modo, el escritor que ha desertado del mundo de los cuentos coloristas y anhelantes de su antecesor. Para Gógol, el relato era un tiempo que le permitía desplegar todo un mundo de sensaciones, pero para Chéjov es más bien una parada aleatoria en un lugar donde nos encontramos con un caso singular, un suceso particular donde el presente definido de una vida se mide con la indiferencia del tiempo.

Así fue como el viajero perdido que solo buscaba una cosa, una cama donde dormir, se encontró con la acogida de un ingeniero insomne en una obra ferroviaria. Desde lo alto del terraplén, en medio del caos de montones de tierra y grava, barracas, fosos y carretillas, dominado por el monótono canto del telégrafo, le llama la atención un especátculo privilegiado: una larga hilera de luces congeladas, todas iguales, que se extiende a lo largo de la vía y acaba perdiéndose en la noche lejana. «Estos fuegos, el silencio de la noche y el triste canto del telégrafo tenían algo en común. Un gran secreto, que solo conocían estas luces, la noche y los cables del telégrafo, parecía enterrado bajo el terraplén»[1].

Este secreto, enterrado bajo el terraplén y conocido por las luces lejanas, es el secreto mismo del tiempo. Para el ingeniero Anániev, se trata de un libro abierto; es la prueba visible de los frutos del trabajo y del progreso, que aparece como una marcha hacia delante bien regulada. Hace un año, allí solo había estepa desnuda. Ahora hay vida y civilización, representadas por esta línea en construcción. Y, en uno o dos siglos, habrá lo que naturalmente sigue a los ferrocarriles, la gran trinidad de los edificios de la modernidad ilustrada, laboriosa y saludable: escuelas, fábricas y hospitales.

El progreso está ahí, visible en la larga hilera de luces que perforan la noche y audible en las palabras entusiastas del ingeniero sobre este futuro nacido del propio caos del presente. El plazo es sin duda largo, pero ya lo anticipa el cuerpo del enunciador, que parece concentrarlo y reducir sus etapas: «Su rostro bronceado, su nariz grande y su cuello musculoso parecían decir: "Yo como hasta hartarme, estoy bien y contento con mi suerte, y llegará el momento en que igualmente vosotros, jóvenes, comeréis hasta hartaros, estaréis bien y contentos con vuestra suerte"[2].

---

[1] A. Tchekhov, «Lueurs», en *Le Duel et autres nouvelles*, trad. Edouard Parayre y Lily Denis, París, Le Livre de poche, 1971, p. 175.
[2] *Ibid.*, p. 180.

Ahí estriba el privilegio del escritor: en mostrar este futuro abstracto ya visible en el cuerpo de quien lo profesa, en mostrar las ideas en la medida en que animan y esculpen los cuerpos; pero también, a la inversa, en desplazar la mirada hacia el caos indescifrable que deshace la evidencia de estas ideas y desmiente cualquier presencia de este futuro. En el terraplén, que ante todo presenta al visitante la imagen de un amasijo inextricable, el escritor ha instalado a un tercer espectador que refuta la visión progresista del ingeniero. Se trata de su asistente, el estudiante Von Sternberg. Lo que Sternberg ve primero es la noche, donde se pierde la larga hilera de luces. Y, para él, esta obra de los obreros del futuro adquiere exactamente el aspecto opuesto. Parece un mundo muerto hace mucho tiempo, un campamento de enemigos de Israel (filisteos o amalecitas) cuya raza misma ha desaparecido y cuyo destino presagia el de los ingenieros del progreso. «Y así ocurrirá con nosotros. Hoy estamos construyendo esta línea, estamos aquí filosofando, pero pasarán dos mil años y de este terraplén, de todos estos hombres que duermen después de su pesado trabajo, no quedará ni el polvo»[3].

Otra imagen del tiempo, que es también la visión de un hombre de otra generación. La visión de Ananiev es fiel al culto a la ciencia y al progreso que compartían los liberales de la década de 1840 y los nihilistas de la de 1860. El hombre de la década de 1880, el estudiante Von Sternberg, encarna otro tipo de nihilismo: ya no cientificista y revolucionario, sino metafísico y pesimista. Para él, la historia no promete ningún fin liberador. No se dirige a otro fin que la muerte. Trae pueblos y civilizaciones a la luz del día, pero solo para aniquilarlos y borrar incluso su rastro. Se parece a la vida, que es una fuerza ciega carente de sentido, de significación y de dirección. El argumento del estudiante-ingeniero radicaliza así la desilusionada sabiduría del tendero Láptev. El «Quien viva, verá» revela su núcleo nihilista:

---

[3] *Ibid.*, p. 177.

«Quien viva, morirá», y a partir de ahí poco importa lo que viva y lo que verá.

El ingeniero Anániev cree que eso es importante. También el escritor lo piensa. Pero, por supuesto, no lo hacen de la misma manera. Pues Anániev no es su portavoz. Chéjov no tiene portavoz. Nunca dice cuál de sus personajes expresa sus ideas. Por eso, sus colegas politizados lo acusan con facilidad de lo que consideran un pecado contra el espíritu: el indiferentismo. La verdad es que Chéjov no es en absoluto indiferente. No sostiene la balanza por igual entre ideas antagónicas. Sencillamente, no pondera las ideas. Les da otro peso incorporándolas a los movimientos de un cuerpo, al tono de una voz, al color de un espectáculo, al tenor de un instante.

De momento, deja que el ingeniero Anániev refute al joven nihilista. Anániev lo hace a la manera habitual de los hombres maduros que invocan su experiencia para corregir las ideas abstractas de los jóvenes. Estas ideas, dice, las compartió él en tiempos, pero se dio cuenta de adónde conducían. Y así relata un episodio de su vida que tiene todos los ingredientes de una novela, con su nudo y su desenlace. Hace poco, de paso por su ciudad natal, meditando junto al mar sobre la inanidad de la existencia y la fuerza estúpida de la vida, pensó que sería buena idea buscarse una mujer, preferiblemente casada, para tener una aventura que le ocupara los dos o tres días que había de pasar allí. En ese preciso momento, el azar le hizo coincidir con la que había sido su novia en el instituto, la joven Kisochka, que ahora sufría un matrimonio infeliz. La intriga se puso así en marcha y, tras unas breves peripecias, Kisochka se encontró esa misma noche en la habitación de hotel de Anániev. El único problema era que, para ella, ese traslado significaba la ruptura definitiva con su marido y su vida anterior, y el comienzo de una vida nueva de amor. Este malentendido obligó al seductor, atrapado en su propia trampa, a marcharse de forma clandestina. La vergüenza de esta huida habría enseñado al joven Anániev la peligrosidad de esas grandes ideas abstractas sobre la nada última de las cosas, que sirven a los apetitos más inmediatos y prosaicos. La historia no convence al estudiante. Y el lector sospecha que al narrador tampoco. A él mismo le cuesta entender cómo esta historia bastante banal de un ocioso cínico que se aprovecha de la credulidad de una joven ingenua puede demostrar algo en contra de la filosofía de Schopenhauer. Hay, en efecto, un desequilibrio demasiado grande entre esta pequeña aventura personal y la tesis que pretende ilustrar. Al renunciar a sus ideas nihilistas, Ananiev nada ha demostrado sobre el futuro progreso prometido por los hospitales, las fábricas y las escuelas. Y, en este terreno, el escritor tendría que enfrentarlo a adversarios algo más temibles que el estudiante Von Sternberg. Podemos pensar en el entusiasta Líjariev (*En el camino*), tan apasionado por la ciencia como por los obreros, el nihilismo, el reparto de la tierra, el pueblo ruso, el arte popular o la ausencia de oposición al mal como verdades que propagar y a las que entregar su vida contra toda utilidad personal. Pero también podemos pensar en su antítesis, el muy razonable doctor Raguin, que es el protagonista-antihéroe de *El pabellón número 6*. Raguin no desprecia la ciencia *a priori*. En la tranquilidad de su piso, puede entusiasmarse con los descubrimientos de Pasteur o de Koch y los progresos de la antisepsia. Pero la ciencia también está lejos, al igual que la libertad. ¿Cómo podrían llegar las maravillas de los nuevos descubrimientos científicos al hospital de una pequeña ciudad mugrienta, a doscientas verstas del ferrocarril más cercano? Para que la ciencia devolviera la salud a los enfermos, tendría que haber más material médico que dos escalpelos y un termómetro; los baños habrían de servir para bañar a los enfermos, no para guardar sacos de patatas; el ecónomo, la doncella y el ayudante del médico tendrían que dejar de robar a los enfermos; las autoridades municipales y regionales deberían dotar al hospital de los medios necesarios para prestar una verdadera asistencia, y la propia población tendría que dejar de pensar que los desgraciados que allí se recluyen están mejor en ese establecimiento que en su casa. En resumen, para que la ciencia médica contribuyera a cambiar las formas de vivir y de pensar, sería necesario que esas mismas formas hubiesen cambiado ya. Sin esto, el hospital, supuestamente un instrumento de progreso, solo puede reflejar el estancamiento y la servidumbre que lo rodean. Así pues, no es la lectura de Schopenhauer sino su propia experiencia la que conduce a Raguin a la espiral de impotencia y resignación nihilista que le hará acabar como paciente en el hospital del que era médico. ¿De qué sirve pretender curar cuando no se cuenta con los medios para ello? ¿Y qué sentido tiene tratar a personas que de todos modos están condenadas a morir? Para que mereciera la pena ayudarlas a vivir, la propia vida tendría que merecer la pena.

La experiencia del doctor Raguin contradice de modo mucho más radical la del ingeniero Anániev que la filosofía prestada del estudiante Von Sternberg. Pero Chéjov se cuida de que no se encuentren. Es más, ha dado al nihilista Raguin un oponente más feroz que el entusiasta Anániev. Este adversario es uno de los pacientes a su cargo, uno de los locos del pabellón número 6. Este loco, a decir verdad, es un razonador formidable, que padece esa locura del razonamiento conocida como paranoia. Pero su paranoia no cae del cielo. Invadió la mente de este insignificante alguacil llamado Grómov el día en que se cruzó en la calle con dos prisioneros encadenados, escoltados por cuatro policías. «De repente tuvo la sensación, sin saber muy bien por qué, de que a él también podrían encadenarlo y llevarlo a la cárcel por el barro de la misma manera»[4]. Sin duda, el honesto Grómov nunca ha robado ni matado a nadie. Pero ¿cómo asegurar que un día no será culpable de un crimen así, aunque solo sea de forma involuntaria? ¿Cómo garantizar que no será denunciado con calumnias? ¿Que no será juzgado de forma expeditiva por uno de esos tribunales en los que sabe que todo sucede mecánicamente?

---

[4] A. Tchekhov, «Salle 6», *Œuvres,* cit., t. 3, p. 45.

¿Que podrá hacer oír la voz de la inocencia despreciada en este agujero a doscientas verstas del ferrocarril? A partir de ese día, Grómov vivió con la idea de que cada palabra y cada gesto suyo podían llevarlo a la cárcel y, como consecuencia, desarrolló una serie de comportamientos aberrantes que lo llevaron al manicomio del hospital. Es, pues, todo lo contrario de Raguin. El médico, que considera inútil pretender curar, ya que es la sociedad la que está enferma, es contestado por el paciente, que difumina él mismo la frontera entre la salud y la enfermedad, y entre el mundo de los hombres libres y el de los encerrados. Ambos demuestran la perfecta reversibilidad entre el interior y el exterior, entre el hospital y la sociedad a la que sirve, de la que es un mero reflejo. Por eso, Raguin acabará corriendo la misma suerte que su paciente. Será encerrado como consecuencia de una iniciativa que basta para demostrar a su colega y a la sociedad que está loco: un día traspasa él mismo la barrera que separa la salud de la enfermedad, al tomar la iniciativa de hablar con ese loco, al que simplemente debería mantener encerrado, y al descubrir en él al único hombre de la ciudad capaz de razonar.

Pero la conversación del loco no solo arruina la reputación de Raguin como hombre razonable. También destruye su razón misma, su resignación a la fatalidad social y a las inevitables desgracias del tiempo. En vano predica Raguin a Grómov sobre la necesidad de resignarse a un mal que hunde sus raíces en la sociedad y en la época, y de refugiarse en la libertad interior del sabio que comprende la razón de las cosas y desprecia las contingencias sociales. Grómov sabe, como él, que es el puro azar el que pone a uno en el lugar del médico y al otro en el del loco. Solo que, a diferencia de él, este «azar» no le parece normal. Y rechaza la filosofía fácil que pide a la víctima de la injusticia que se encierre en la fortaleza interior del sabio: «Nos retienen tras estas rejas, nos dejan pudrirnos, nos martirizan, pero eso está muy bien y es razonable porque no hay ninguna diferencia entre esta sala y un gabinete de trabajo cálido y confortable. Filosofía cómoda: no tienes nada que hacer, tu conciencia está tranquila, te sientes un sabio... No, señor, esto no es filosofía, meditación, amplitud de miras, sino pereza, fakirismo, sopor de marmota»[5]. Sería fácil hacer del loco Grómov el portavoz del escritor y médico Chéjov, que cree en la ciencia y se rebela contra quienes se acomodan a la servidumbre. Pero, una vez más, el escritor no trabaja con la ayuda de portavoces; construye dispositivos discursivos y conflictos de razones que se responden de cerca o de lejos, y reciben luces y sombras de su entorno. La experiencia del sabio doctor Raguin, que refuta desde la distancia la experiencia y la fe progresista del sabio ingeniero Ananiev, es refutada en su mismo lugar por la razón del loco Grómov. Pero el carrusel de las razones no se detiene ahí. Pues el racionalismo razonable del primero y el sobrerracionalismo paranoico del segundo quedan en suspenso por la propia forma de la narración, que impide la victoria de cualquier interlocutor. *El pabellón número 6* solo concluye con la muerte de Raguin, lo que no prueba nada a favor o en contra de su filosofía. Y *Luces* termina, sin zanjar el debate, con una visión confusa de esta obra del progreso en cuyo centro se sienta un perro estúpido: «Una vez en la silla de montar, eché una última mirada a Ananiev y al estudiante, al perro histérico con los ojos nublados como si estuviera borracho, a los obreros, apariciones fugaces en la niebla de la mañana, en el terraplén, al caballejo con el cuello extendido, y pensé: No podemos desentrañar nada de este mundo»[6].

Esa puede ser la conclusión que saque el visitante, pero no es el final de la historia. De hecho, la historia no termina. O mejor dicho, termina con un comienzo, como el de cualquier día: «Salía el sol...».

---

[5] *Ibid.*, p. 75.
[6] Tchekhov, «Lueurs», cit., p. 229.

¿Un nuevo amanecer?

Las razones dan muchas vueltas, y Chéjov planteó, en algunos escenarios típicos, los combates ejemplares. Están las razones que los indignados como Grómov oponen a los satisfechos, los resignados o los cínicos. Están las que el estudiante escéptico opone al progresista Anániev. Pero lo más frecuente es que el debate enfrente a dos tipos de progresistas. Los hay –sobre todo– que se preocupan por mejorar la condición del pueblo mediante el trabajo, la ciencia y la filantropía. Es el caso de Lida, la protagonista de *La casa del entresuelo*, que se lanza a crear escuelas, bibliotecas, dispensarios y farmacias, e incluso enseña a la gente en su domicilio. Por otra parte, hay quienes rechazan estas mejoras materiales porque solo crean necesidades adicionales y nuevas servidumbres. En lugar de escuelas primarias y hospitales, quieren que se brinden al pueblo medios para liberarse del trabajo y dedicarse a la vida del espíritu. Así razona ante Lida su vecino, un pintor. Este es también el razonamiento del doctor Blagovo en *Mi vida:* las personas cultas que quieren compartir la vida del pueblo harían mejor en desarrollar sus aptitudes como científicos o como artistas para trabajar por el progreso espiritual de la humanidad y la gran X que le espera en el futuro. A lo que su interlocutor le responde que entre las cosas que «progresan» también hay que contar las formas de sometimiento.

Los argumentos dan vueltas y vueltas, convirtiendo las razones del progreso en razones de servidumbre. Pero solo los espíritus serviles llegan a la conclusión de que todo es vanidad y que todas las situaciones y acciones son iguales. El debate termina sin conclusión, pero queda algo, algo que se fija en la mente y puede servir de brújula: momentos, sensaciones, luces, imágenes. El anónimo visitante de la obra ferroviaria sacó como única conclusión de una noche de debates que la razón del mundo no se podía desentrañar. Pero su memoria, por su parte, ha conservado dos impresiones que comparte con nosotros: el espectáculo de las luces y la imagen de Kisochka. ¿Cuál es la conexión entre ambas? Tal era la pregunta que el lector tenía en común con el estudiante nihilista. Este último no veía cómo la seducción de quinientas Kisochkas podía demostrar cosa alguna sobre el progreso de la historia y las virtudes de la experiencia. Y el propio lector se preguntaba cómo esta historia banal de una mujer seducida y abandonada podía contradecir la tesis del estudiante nihilista. Ahora es posible responder. A pesar de su aparente desproporción, la pequeña historia banal está bien situada para responder a la tesis del sinsentido último de la vida. Pero no lo hace simplemente denunciando su consecuencia moral: la equivalencia del bien y del mal que basta a los cínicos. La respuesta que brinda pone de relieve lo que está en el fondo de todo el asunto: el uso del tiempo. Lo que se opone a las grandes tesis sobre el destino de las civilizaciones es la atención a lo que ocurre en un momento dado. El ingeniero resume todo el asunto en una frase: «Lo que para mí fue una banal aventura amorosa improvisada constituyó para ella toda una revolución en su vida»[1].

Ahí reside la culpa del joven Anániev y la verdadera razón por la que su banal historia protesta contra la visión nihilista. Su culpa es no haber percibido, o no haber querido percibir, lo que estaba en juego para Kisochka —y para él también— en ese mo-

---

[1] Tchekhov, «Lueurs», cit., p. 214.

mento. Ha adoptado la moral ordinaria del hombre seductor: solo existe la diversión compartida de un momento, y solo la ingenuidad o la mala fe de una compañera que ha leído demasiada literatura quiere ver ahí el comienzo de una vida nueva. Pero tras la ironía sobre las mujeres que convierten una aventura extramatrimonial en una revolución de toda la existencia hay algo más radical: la negativa a creer en la posibilidad misma de tales revoluciones. Para el hombre razonable, el tiempo solo puede contener lo ordinario: está lo ordinario de las ocupaciones serias y lo ordinario de los pasatiempos, de los que forman parte las pequeñas aventuras amorosas improvisadas. El poder que ejerce el seductor no es, pues, más que la sumisión al tiempo siempre ordinario de la conciencia servil. En este punto, el estudiante nihilista tiene razón frente a quien va dando lecciones: la experiencia de la edad nada aporta al asunto; solo reproduce siempre la misma sumisión a lo que es, la misma división convenida entre el tiempo para las cosas serias y el tiempo para la diversión. Pero, a la inversa, el ingenuo Anániev tiene razón al fijarse en esta pequeña historia y en el momento decisivo en que se negó a ver lo que estaba en juego en las ilusiones de la pobre Kisochka: una apertura sin precedentes, la posibilidad de una ruptura en lo ordinario del tiempo, la ocasión de ese nuevo comienzo del que toda vida es capaz en un intento de alcanzar su verdad.

Porque un momento no es solo algo que pasa, el elemento indiferente de una duración siempre semejante a sí misma. También puede ser una pausa, una apertura, un resplandor que apunta a la posibilidad de otra vida. «Nada pasa sin dejar huella», dice el desdichado protagonista de *Mi vida*, «el más pequeño paso que damos tiene un significado para nuestra vida presente y futura»[2]. Fue esta irrupción de otro tiempo, esta llamada de una vida por venir lo que el joven Anániev pudo ver en lo que

---

[2] A. Tchekhov, «Ma vie», *Œuvres*, cit., t. 3. , p. 682.

para él solo era la ilusión de una amante ingenua. La «revolución completa de su vida» que entrevé Kisochka pertenece a esos destellos de luz que, en los relatos de Chéjov, atraviesan el tiempo de la servidumbre para señalar el futuro lejano de otra vida. Estos destellos aparecen en las situaciones e individuos más diversos. Son los policías de *Ensueños*, que parecen olvidar por un momento sus obligaciones para compartir con el vagabundo una visión de los grandes espacios abiertos de Siberia. Pero también es el protagonista sin nombre de *Historia de un desconocido* cuando renuncia al empleo de doméstico que había aceptado para servir a sus proyectos revolucionarios: «Estaba dispuesto a abrazar e incluir en mi corta existencia todo lo que es accesible al hombre; quería hablar, leer, empuñar un martillo en una gran fábrica, hacer guardia, arar»[3]. Son los campesinos alcoholizados de la aldea de Zhúkovo (*Los mujiks*), quienes durante un tiempo se vieron sacudidos por la procesión del icono de la Virgen María, fuente de la vida: «Todos parecían haber comprendido de repente que entre el cielo y la tierra no reina el vacío, que los ricos y los poderosos aún no lo han monopolizado todo, que todavía hay protección contra la ofensa, la servidumbre, la pesada e insoportable miseria y el horrible vodka»[4]. Aquí tenemos al viejo creyente Jacob Ivánich en la prisión de Sajalín, donde está expiando el asesinato de un hermano al que mató por fanatismo religioso: «Sus ojos se empañaron de lágrimas, pero seguía mirando a lo lejos, donde parpadeaban, apenas visibles, las pálidas luces del barco; su corazón le dolía de nostalgia y sentía el deseo de vivir, de volver a su casa, de ir a hablar allí de su nueva fe, de salvar aunque solo fuera a un ser de la perdición y de vivir sin padecer aunque fuera un solo día»[5]. Pero es sin duda la visión del «profesor de ruso» Nikitin la que da a este llamamiento a otra vida su formu-

---

[3] A. Tchekhov, «Récit d'un inconnu», *Œuvres*, cit., t. 3., p. 167.
[4] A. Tchekhov, «Les moujiks», *Œuvres*, cit., t. 3., p. 718.
[5] A. Tchekhov, «Meurtre», *Œuvres*, cit., t. 3, p. 526.

lación más completa: «Pensó que aparte de la suave luz de la lamparilla nocturna que sonreía a su apacible felicidad familiar, que aparte de este pequeño mundo donde él y el gato blanco vivían una vida tan apacible y agradable, existía otro... Y sintió de pronto un deseo loco y angustioso de ir a ese otro mundo, de trabajar con sus propias manos en una fábrica o en un gran taller, de hablar desde una cátedra, de escribir, de que le publicaran, de que hablaran de él, de cansarse, de sufrir... Tuvo ganas de sentirse atenazado por algo que lo haría olvidarse de sí mismo, volverse indiferente a su felicidad personal, cuyo sentimiento es tan monótono»[6].

Esta otra vida no consiste en lograr una transformación de las posiciones sociales, sino en romper con una existencia siempre dispuesta a entregarse a su esclavitud. Por eso sienten la llamada tanto el rico comerciante o el respetable profesor como los campesinos embrutecidos por el vodka. Hay algo que escapa a la simple repetición del tiempo: la vida individual que a cada persona le es dada una sola vez. Pero también hay algo que va más allá de la felicidad individual, ya sea la del alcohol fuerte, la de una posición social elevada o la de un matrimonio enamorado. Esta intensificación de la vida puede ser corta o larga, puede consistir en sufrir o dejar de sufrir, puede encontrarse trabajando con las manos en una fábrica o enseñando desde lo alto de una cátedra universitaria. No es la satisfacción de una ambición personal, sino el esfuerzo por escapar de las «sensaciones monótonas» de la felicidad personal, por escapar del mundo que se contenta solo con estas felicidades.

En pocas palabras, se trata de «la vida nueva». Esta expresión resonaba con fuerza en la Rusia de la época, donde expresaba la aspiración a un futuro en el que la servidumbre hubiera desaparecido realmente. *Novaya Jizn* fue el título del primer órgano de la socialdemocracia rusa, antes de convertirse en la consigna del

---

[6] Tchekhov, «Le professeur de lettres», cit., p. 342.

nuevo mundo revolucionario y luego en el lema oficial del esta-
linismo. En estas dos palabras se concentran las visiones más o
menos claras o confusas de un mundo en el que la justicia social
irá de la mano con la capacidad de los individuos para vivir una
vida más plena y auténtica. Y ningún revolucionario estaría en
desacuerdo con el sueño de la novia que, en vísperas de su boda,
ha huido de una casa donde cuatro criados duermen en el suelo
de la cocina: «¡Que llegue cuanto antes esta vida nueva, clara,
donde podamos mirar a nuestro destino directamente a los ojos,
con valentía, ser conscientes de nuestros derechos, ser alegres,
libres!»[7]. Pero, en el camino hacia ese futuro, los mismos revolucionarios se plantearían una pregunta insistente, la pregunta
de la época: *¿Qué hacer?* *(Chto delat?)*. Este es el título de la novela publicada en 1861 por Chernyshevski, que inspiró a toda
una generación de revolucionarios y fue retomada de modo in-
tencionado por Lenin en su famoso panfleto de 1902, que estig-
matizaba los dos grandes vicios del economicismo y el esponta-
neísmo. Es también la pregunta que los personajes de Chéjov no
dejan de formular o de plantearse. Y, por supuesto, la modalidad
misma de la pregunta es diferente, no solo porque Chéjov no es
un revolucionario y no cree en la revolución en Rusia, sino también porque es ante todo un escritor, un hombre que percibe al
mismo tiempo los diferentes significados de una palabra y las
distintas entonaciones de una expresión. *¿Qué hacer?* era para
Lenin una pregunta unívoca que exigía elegir entre respuestas
contradictorias. Pero para el escritor Chéjov, que ve las palabras
encarnadas en los cuerpos, la contradicción ya está en el corazón
de la pregunta. *¿Qué hacer?* puede significar dos cosas exactamente opuestas: ¿cómo podemos cambiar el orden actual de las
cosas?, pero también *¿qué hacer al respecto?* En otras palabras: no
hay nada que hacer, las cosas no cambiarán. Esta es la sabiduría
de los cínicos, como Orlov, el desilusionado «liberal» de *Historia*

---

[7] A. Tchekhov, «La Fiancée», *Œuvres,* cit., t. 3, p. 1003.

de un desconocido, que se burla de los sueños de una vida nueva de su amante y responde con amabilidad al diagnóstico de su acusador: «Sí, mi vida es anormal, corrupta, no sirve para nada, y mi cobardía me impide empezar una vida nueva, así que tienes toda la razón. Pero que te lo tomes tan a pecho, que te conmueva tanto, que llegues a desesperar, no es razonable, y en eso estás totalmente equivocado»[8]. Pero también es la sabiduría resignada del doctor Raguin o de su colega, Ástrov, quien, en *Tío Vania*, se mofa de la «vida nueva» mencionada por su amigo y justifica su burla con una afirmación clara: para que una vida nueva fuera concebible, tendría que haber más de dos hombres honrados e inteligentes en el distrito. Para que la ciencia pudiera cambiar la sociedad, la sociedad ya debería haber cambiado. Y lo mismo podría decirse de la revolución.

Este diagnóstico nos deja con poco que esperar de las acciones del único revolucionario que encontramos en los cuentos de Chéjov, el protagonista anónimo de *Historia de un desconocido*. Es, de hecho, un revolucionario muy extraño, ya que nunca lo vemos emprender acción alguna ni hacer ningún comentario revolucionario. Sin duda hay una razón para ello: su verdadera identidad, su compromiso y sus pensamientos deben permanecer ocultos para el éxito mismo de su proyecto. Se ha enrolado como criado al servicio del cínico Orlov con un propósito muy concreto: Orlov es el hijo de un famoso estadista cuyos planes e intenciones espera conocer, probablemente para preparar un atentado. Un día, cuando está solo en casa, el estadista acude de modo inesperado a visitar a su hijo ausente. Para el falso criado, es la ocasión perfecta para llevar a cabo su plan sin dilaciones, eliminando a su enemigo y desapareciendo de incógnito. Pero se ve incapaz de aprovechar el momento. El rostro triste del anciano y las condecoraciones que lleva en el pecho solo le inspiran, en términos de odio a los poderosos, pensamientos convencionales sobre la fra-

---

[8] Tchekhov, «Récit d'un inconnu», cit., p. 201.

gilidad de todo lo terrenal. Es como si se hubiera apoderado de él la sabiduría nihilista del estudiante Von Sternberg, que vuelve irrisoria toda acción ante la muerte que aguarda a los individuos y a las sociedades. Pero la forma en que se desarrolla el relato revela que no es la filosofía lo que frena su brazo; es la simple adhesión a la condición que creía haber elegido como un simple medio. La idea de convertirse en doméstico para luchar contra la servidumbre resulta extraña. Los predecesores de Chéjov –Dostoievski, Leskov, Goncharov– habían retratado como tontos o pícaros a los revolucionarios que temían. Chéjov, que no siente ni amor ni odio por ellos, se centra en la forma misma de la intriga revolucionaria, tal como la concibió la generación nihilista, y denuncia su contradicción fundamental: la disociación de medios y fines. La relación entre el fin revolucionario (la destrucción de la dominación) y los medios para alcanzarlo (el ejercicio de la domesticidad en casa de un alto funcionario) es de hecho una no-relación. En la apariencia física de un anciano que visita a su hijo, el revolucionario clandestino es incapaz de reconocer su objetivo. Y la energía que busca en vano para actuar ha sido devorada por los meses pasados cepillando la ropa de su amo, vistiéndolo y llevando billetes a casa de su amante. No solo abandonará sus planes, sino que será incapaz de responder a la llamada de Zinaída, la descuidada amante de Orlov. Ella había visto en su aventura el comienzo de una vida nueva. Cuando el revolucionario clandestino se revela a ella y le desvela la traición de su amante, Zinaída se marcha con él, convencida de que puede guiarla hacia un nuevo futuro. Pero cuando le demanda «¿Qué hacer?», la última pregunta que le formula antes de dar a luz y suicidarse, el militante desilusionado solo puede responder encogiéndose de hombros. El único revolucionario que Chéjov nos presenta abandona el escenario sin haber emprendido nada, y devuelve la pregunta *¿Qué hacer?* a su vertiente escéptica, como decía su patrón, el «liberal» Orlov: *¿Qué hacer al respecto?*

Aquí es donde la «ingenuidad» de las mujeres enamoradas se impone a la ironía de los liberales y a los cálculos estratégicos de los revolucionarios. Rechaza la separación de fines y medios. La vida nueva, la vida libre y verdadera, no puede ser producto de la servidumbre y la mentira. Si queremos romper el círculo de la servidumbre, las actividades de hoy deben aplicar ya el principio de la vida futura.

¿Cómo pensar en esta anticipación del futuro en el presente? Podemos intuir su necesidad en las aspiraciones de las mujeres, pero es más bien en otra parte donde buscamos la respuesta en ese momento. Se encuentra fácilmente en la figura de un ser cuya actividad intensa y oscura parece portar la fuerza positiva de un mundo por venir: el obrero. Ser un trabajador, empuñar un martillo, trabajar en una gran fábrica, dejar de vivir las largas tardes de ociosidad, ese es el sueño que recorre el cerebro del profesor de literatura y del revolucionario clandestino, igual que el de los oficiales ociosos que frecuentan el salón de *Las tres hermanas*: «El hombre debe trabajar, esforzarse con el sudor de su frente, todo hombre sin excepción, solo en ello reside el sentido y la finalidad de su vida, su felicidad, su alegría»[9], dice Irina, la más joven de las hermanas. Y su amante, el barón Túsenbach, va aún más lejos: el trabajo no es solo una necesidad individual, es una nueva era de la historia: «Ha llegado el momento, algo inmenso se cierne sobre nosotros, una tormenta formidable y benéfica se está gestando, está en marcha, muy cerca, pronto barrerá de nuestra sociedad la pereza, la indiferencia, los prejuicios contra el trabajo y el aburrimiento mórbido. Voy a trabajar, y dentro de veinticinco o treinta años todos los hombres trabajarán, ¡todos!»[10].

Túsenbach muere en un duelo antes de partir a su fábrica de ladrillos y casarse con Irina. Así no tendrá que experimentar la

---

[9] A. Tchekhov, *Les Trois Soeurs*, trad. Elsa Triolet, en *Œuvres,* cit., t. 1, p. 424 [ed. cast.: *Las tres hermanas,* ed. Isabel Vicente, Madrid, Cátedra, 2019].
[10] *Ibid.*, p. 425.

brecha entre el trabajo como poder histórico del mundo venidero y el trabajo como ocupación cotidiana. El enfrentamiento entre Petia, el estudiante revolucionario, y Lopajin, el hijo de un siervo convertido en capitalista, dramatiza esta brecha en *El jardín de los cerezos*. El primero proclama en una hermosa arenga la necesidad del trabajo para el triunfo de la verdad. El segundo nos recuerda que se levanta antes de las cinco de la mañana y trabaja hasta la noche. Se presenta como el verdadero trabajador, el que crea las condiciones para una vida mejor, incluso en la modesta forma de pabellones para los veraneantes. Pero es a otro personaje a quien Chéjov confía la tarea de enfrentarse a la contradicción esencial: ¿cómo se puede ser a la vez el trabajador del presente y el obrero del futuro? Este personaje es Misáil, el protagonista-antihéroe de *Mi vida*. Con este título, obviamente no debemos esperar una novela de aprendizaje que nos muestre cómo este hijo de un notable acaba tomando la resolución de ser obrero. Ningún relato de Chéjov comienza con la infancia de su protagonista. Y ninguno de sus personajes aplica teoría alguna. Las teorías nunca son más que comentarios externos sobre lo que están viviendo. La «vida» que nos cuenta Misáil comienza de modo brusco, por el medio. Y este comienzo es en sí mismo una escena de pura comedia: su despido de la novena plaza que le habían concedido, a pesar de su probada incapacidad, gracias a la fama de su padre, el arquitecto de la ciudad. Tras un trabajo temporal como telegrafista en una obra, Misáil se convertirá en pintor de brocha gorda. Su historia suele considerarse una ilustración crítica de la llamada de Tolstói a compartir la vida del pueblo. Sin embargo, la forma en que se cuenta deja poco margen para que el personaje tenga una motivación ideológica. Misáil se convierte en obrero menos por convicción filosófica que por un cúmulo de circunstancias, debido sobre todo a su incapacidad para encajar en la lógica de los trabajos de oficina que abren el camino a una carrera en la nobleza del Estado, pero en los que nunca ha percibido otra cosa que la monotonía de una ocupación mecánica y absolutamente inútil. En cierto sentido, para él era una simple cuestión de hecho: excluido de la carrera de los llamados empleos intelectuales, se considera reducido a la condición y obligación ordinarias de todos los que se ganan la vida trabajando con las manos.

Pero, para el tránsfuga que es, esta vida ordinaria aparece pronto como el lugar de una doble brecha. Por un lado, se asemeja a la simple necesidad cotidiana, que quita al trabajo todo valor e incluso todo significado particular: «Ahora vivía entre personas para las que el trabajo era obligatorio e inevitable, y que se afanaban como caballos de tiro, a menudo sin ninguna conciencia del significado moral del trabajo, y a veces incluso sin utilizar la propia palabra *trabajo* en la conversación»[11]. Pero, por otra parte, el escándalo provocado por la decadencia social de Misáil hace de él, para los miembros de su clase original, sobre todo si habían leído a Tolstói, el apóstol de una moral y una religión del trabajo manual. Sus manos negras y el olor a trementina que desprende lo convierten en el protagonista de la vida nueva para la hija del mismo ingeniero que le quitó su trabajo de telegrafista. Ella hará de él su marido, pero también lo obligará a perfeccionar su ejemplo, a parecerse más al hombre del futuro que él encarna para ella: «Tú mismo has dicho más de una vez que cada uno debe ganarse el pan con sus propias manos, pero tú ganas dinero, no pan. ¿Por qué no te ciñes a la letra de tus palabras? Literalmente tienes que ganarte el pan, lo que significa arar, sembrar, segar, trillar [...]»[12]. Misáil, a quien no le gusta trabajar la tierra, se hará agricultor para cumplir el ideal de su mujer y aplicar las consignas de sus manuales agronómicos. La vida en la granja y las relaciones con los campesinos pronto se revelarán muy lejanas del idilio soñado por la hija del ingeniero, que acabará abandonando a Misáil y volviendo a una vida mundana embellecida por sueños artísticos.

---

[11] Tchekhov, «Ma Vie», cit., pp. 607-608.
[12] *Ibíd.*, p. 632.

Pero, antes de marcharse, habrá extraído de su experiencia ejemplar una lección de dialéctica de la que ningún marxista renegaría: «Hemos trabajado a fondo, hemos reflexionado a fondo y hemos mejorado gracias a ello: ¡honor y gloria para nosotros! Hemos progresado en nuestra propia superación, pero ¿acaso han tenido nuestros progresos personales una influencia perceptible en la vida que nos rodeaba? ¿Ayudaron siquiera a una sola persona? No: la ignorancia, la suciedad, la embriaguez, la asombrosa tasa de mortalidad infantil, todo sigue igual que antes. La suerte de nadie ha mejorado porque tú hayas arado y sembrado, y yo haya gastado dinero y leído tantos libros. Aparentemente hemos trabajado y concebido vastos pensamientos solo para nosotros mismos»[13].

Así funciona el carrusel de las razones: para no traicionar la vida nueva, tienes que ser el hombre del futuro desde este mismo instante. Pero, siendo ahora el hombre del futuro, solo trabajas para autoperfeccionarte. La dialéctica se irá a vagar por el mundo, convencida, como el estudiante nihilista, de que todo pasa. Misáil volverá a la condición de simple trabajador, aunque para ello tenga que convertirse en un hábil y respetado empresario.

Para los dialécticos de la revolución, la moraleja de la historia es fácil de extraer: no se construye el futuro haciéndose obrero. El futuro se construye organizando la fuerza colectiva de la clase obrera. Se acabó el tiempo de los apóstoles que iban al pueblo a compartir su condición. El papel de los tránsfugas de las clases altas es ahora organizar la lucha colectiva para derrocar el sistema capitalista. La historia de las desventuras de Misáil apareció en octubre de 1896. Dieciocho meses después, se fundó en Minsk el Partido Obrero Socialdemócrata de Rusia.

---

[13] *Ibid.*, pp. 658-659.

La fuerza del momento

Esa es la conclusión de los dialécticos. Pero el escritor no es un dialéctico. Eso significa, en primer lugar, que no saca conclusiones. La historia de Misáil nada prueba. Y el relato no tiene conclusión, a lo sumo un final, que es a su vez coherente con la continuidad de la historia: es un momento que sigue a otros y no dice lo que seguirá. Este momento es el de un domingo en el que el obrero que descansa, con su sobrina en brazos, visita el cementerio donde yace su hermana, la madre de la niña, y se encuentra con una amiga de ella con la que da unos pasos en silencio.

Pues el relato de Misáil, justo en el momento en que debería haber expuesto su moraleja, ha sufrido una bifurcación: ha llegado a preocuparse menos de sí mismo que de su hermana, Cleopatra. Cleopatra había sido durante mucho tiempo la personificación de la obediencia al padre y al orden doméstico. Un día, sin embargo, su amiga Anna y el hermano de esta, el doctor Blagovo, la llevaron de picnic al pueblo donde trabajaba Misáil, y ella percibió en la alegría de esa jornada en el campo el aliento de otra vida posible. Poco a poco, el ejemplo de su hermano y los bonitos discursos del doctor sobre la gran X que aguardaba a la humanidad en un futuro lejano la desviaron de su destino de ama de casa. Cuando se convierte en la amante del médico y se queda embarazada de este hombre casado y con familia, es rechazada por la buena sociedad de su ciudad y muere tras dar a luz a una niña huérfana de padre. Cleopatra parece así la víctima ejemplar de las grandes teorías sobre la vida nueva. Y, sin embargo, es el único personaje totalmente positivo de la historia, el único que actúa según su elección y no muestra arrepentimiento alguno. No cesa de declararse plenamente feliz con la ruptura irreversible que se ha producido en su vida, y de bendecir al hombre que la ha deshonrado a los ojos del mundo y la ha abandonado a su suerte.

La «víctima» Cleopatra es, en consecuencia, mucho más que su hermano, la protagonista positiva de la vida nueva, la que «ha mirado de frente a su destino». Y es esta ejemplaridad la que da sentido al episodio final del relato, cuando Misáil se encuentra con Anna, la hermana del médico y amiga de Cleopatra, en la tumba de esta. Anna ha hecho todo lo contrario que Cleopatra. Se ha pasado la vida amando a Misáil en la distancia, sin atreverse nunca a declararle su amor ni a asociar su vida a la de un hombre condenado al ostracismo de la buena sociedad. Incluso hoy, da unos pasos a su lado, acaricia con él a la niña, que por un momento puede soñar con estar en compañía de un padre y una madre, y luego lo deja a la entrada de la ciudad. Es como si, más allá de Misáil, el final del relato pusiera en escena la oposición entre dos mujeres: una que se ha atrevido a mirar de frente a su destino y otra que no. Hasta ahí llega la historia. Esto es también lo que significa no ser dialéctico: no disolver la oposición en una nueva figura que la sintetice y la trascienda, para mantenerla viva en su lugar y en su tiempo, el del momento de la elección, que es también la elección de un tiempo frente a otro: la apertura que conlleva el momento frente al tiempo continuo de la repetición. Cleopatra y su amiga Anna encarnan esta oposición entre dos maneras de vivir una tranquila tarde en el campo: como un agradable pasatiempo o como el comienzo de una revolución de la existencia, que la lleva del «borrador» a la «copia limpia».[1]

---

[1] Estas son las palabras de Vershinin en Tchekhov, *Les Trois Soeurs*, cit., p. 434.

No hay superación dialéctica. Todo sucede al principio. Y el principio nunca deja de repetirse. Hay una elección, siempre análoga: un umbral que se cruza o no se cruza para romper el pacto ordinario de servidumbre. Aquí debemos adoptar el punto de vista exactamente opuesto al de los cínicos. Estos se burlan de las mujeres que necesitan transformar un interludio amoroso en el comienzo de una vida nueva. El ejemplo de Cleopatra permite dar la vuelta al argumento: lo que otorga fuerza a estos amores femeninos es que van mucho más allá de la atracción por una persona y del placer que es capaz de procurarles. Son una guerra declarada a todo un mundo de servidumbre, a una vida preocupada sin cesar por abastecerse de azúcar o por salar pepinos; son la despedida de un mundo en el que, hasta la muerte, jamás se deja «de yacer de la mañana a la noche, haciéndose sufrir mutuamente, temiendo la libertad y odiándola como a una enemiga»[2].

De ahí el sólido vínculo que el escritor forja entre dos cosas que parecen desproporcionadas entre sí: la llamada a una vida nueva, donde cada uno es consciente de sus derechos, y estas pequeñas historias de amor evitado o no reconocido, cuyas versiones varían hasta el infinito mientras las construye en torno a un mismo centro: el momento en que era —o habría sido— posible mirar de frente al destino propio.

Este momento especial puede ser cuestión de pura casualidad. Tal es la singular historia de *El beso*. Un oficial, el capitán Riabóvich, y sus acompañantes son invitados por el gran terrateniente del pueblo donde su regimiento se ha detenido. Mientras busca el camino a través de una oscura habitación del castillo, es recibido por una mujer que lo besa con amor, confundiéndolo por un momento con el hombre que ha estado esperando impacientemente. De regreso a la sala iluminada, es incapaz de identificar a la desconocida y, cuando el regimiento vuelve a pasar

---

[2] Tchekhov, «Ma Vie», cit., pp. 670-671.

por el pueblo, pierde la oportunidad de «volver a ver» a la mujer que, en realidad, nunca había visto. A orillas del pequeño río que fluye «sin saber dónde ni por qué», solo puede recordar «que el destino, bajo la forma de una mujer desconocida, lo había acariciado por casualidad», y este recuerdo es suficiente para que su vida le parezca «extraordinariamente pobre, necesitada y aburrida»[3].

Pero, por lo general, el encuentro con el destino, su aceptación o evasión, son acontecimientos en los que interviene la voluntad, o la falta de ella. Existe el encuentro aceptado, cuyo modelo nos ofrece la protagonista del último relato de Chéjov, *La novia*. En vísperas de su boda, tras visitar el piso que su estúpido prometido ha destinado a su dicha conyugal, donde ha colgado un cuadro de un pintor de moda de una mujer desnuda junto a un jarrón con el asa rota, decide huir cuanto antes. Pero, la mayoría de las veces, los personajes escapan del momento en que deben enfrentarse a su destino. Están los cínicos, como Anániev y Orlov, que ven los sueños de una vida nueva de sus amantes como una diversión pasajera. Pero sobre todo están los que tienen miedo, los que se encogen ante la conmoción de su universo sensible. Es el caso del joven estadístico Ognev en *Vera*. También él se enfrenta a la llamada de un momento cuando, una tarde de agosto, sale de casa del presidente de la Comisión Rural tras varias semanas de estudio. El aire está perfumado de reseda, tabaco y heliotropo. El joven saborea los resultados de su estancia. Ha disfrutado de la acogida del anfitrión y ha recogido gracias a él documentos útiles para la tesis que escribirá en Petersburgo. Solo hubo un pequeño contratiempo que perturbó su serenidad. La hija de la casa, Vérochka, se ofreció a acompañarlo de vuelta al bosque. Al marcharse, ella le confiesa tanto su amor por él como su deseo de abandonar una vida sin rumbo entre gente con la barriga llena para dirigirse a lo que llama «las casas grandes y húmedas donde

---

[3] A. Tchekhov, «Le Baiser», *Œuvres,* cit., t. 2, p. 392.

la gente sufre, en la amargura del trabajo y la miseria»[4]. Para Ognev, esta atracción por los desdichados es una sensiblería poco seria y, en cuanto a este amor, busca en vano la chispa que podría responderle. No es que Vérochka carezca de encanto. Es solo que no tiene ni la experiencia de los avatares de la vida ni el deseo de adquirirla. Así que deja a la joven con sus sueños imposibles de evasión, aunque eso signifique sentir muy pronto que la oportunidad de felicidad que ha dejado escapar no volverá a presentarse jamás.

Pero el caso más significativo es aquel en el que el encuentro fallido no puede atribuirse a ningún cálculo individual, a ninguna falta por parte de un personaje, sino a la pura incapacidad de prolongar la potencia del instante. Tal es la historia de otra tarde de verano en la que la protagonista anónima del relato ha partido a caballo para recoger el correo de la estación con un amigo de vacaciones, Piotr Serguéich, magistrado de profesión (*La historia de la señora X)*. La amenaza de tormenta, el olor de la lluvia cercana y del heno cortado, las bromas del joven, la perspectiva turbadora pero excitante de empaparse, el sueño de refugiarse en un castillo desierto y ser alcanzados por un rayo hacen que los dos compartan una hilaridad que le da valor para declararle su amor mientras ella disfruta mirándolo a los ojos brillantes y escuchando las palabras de amor que se mezclan con el sonido de la lluvia. Pero después de esta noche de locura, durante la cual el joven se ha prodigado en puerilidades y la vida le ha parecido a la joven «rica, variada y llena de encanto»[5], no ha pasado nada. El tiempo ha reanudado su curso. Las vacaciones son las vacaciones, los amigos de las vacaciones son los amigos de las vacaciones y el muro de la diferencia social se ha derrumbado entre la joven aristócrata y el juez de instrucción, que se encuentra a disgusto en los salones. La joven, que ya no es joven,

---

[4] A. Tchekhov, «Vera», *Œuvres,* cit., t. 2, p. 72.
[5] A. Tchekhov, «Récit de Madame X», *Œuvres,* cit., t. 2, p. 425.

se queda con el sentimiento de la vida echada a perder, sin saber muy bien si se culpa a sí misma por haber mantenido ese muro de distinción social o si culpa al amante demasiado tímido por no haberlo hecho añicos. Pero tal vez su defecto común fuera simplemente su incapacidad para interrumpir el flujo normal del tiempo, para responder a la llamada de las gotas de lluvia y al olor del heno cortado en una tarde de verano.

Los pusilánimes, como los cínicos, ya han desesperado por adelantado de la vida nueva. Es el hecho de no desesperar lo que da valor de ejemplo a la pareja, por lo demás poco edificante, de *La dama y el perrito*. Al principio, Gúrov se comporta como un cínico, aprovechando un encuentro estival que estaba destinado a terminar sin problemas cuando regresara a la ciudad. La actitud inicial de Anna ha sido la de una cobarde que se avergüenza de su momento de debilidad y sigue prefiriendo su triste vida de esposa de un dignatario servil a la aventura de un amor ilegítimo. Sin embargo, ambos han cedido en última instancia a la llamada de la brisa marina y a la luz dorada de las tardes de verano. La relación se reduce a encuentros clandestinos en una habitación de hotel cuando ella llega a Moscú con el pretexto de ver a su médico. Así pues, la historia de esta triste aventura nada tiene de apasionante. Pero adquiere un aspecto completamente distinto si la comparamos con otra historia, más o menos contemporánea, la que se cuenta en el cuento *Sobre el amor*. Se trata de la confesión del amor imposible que el narrador, el terrateniente Aliojin, siente por la mujer de un amigo. No creía posible arrancarla de su tranquila felicidad familiar y de su segura vida social para involucrarla en las dificultades de su condición de pequeño agricultor agobiado por el trabajo y siempre inseguro del mañana. Solo cuando se despide de forma definitiva de ella le confiesa un amor que resulta ser mutuo. Aliojin es sin duda más razonable y moral que el amante de la dama del perrito. Y Chéjov no es un defensor del amor libre. No duda, sin embargo, en incluir la historia de este respetuoso amante en una trilogía de vidas perdidas, junto al destino del muerto en vida de *El hombre enfundado* y el irrisorio «éxito» del insignificante funcionario Nikolái, que se ha pasado la vida ahorrando para comprarse en su vejez la miserable finca, encajonada entre una fábrica de ladrillos y otra de cola, donde puede jugar a ser un gran señor y comer las grosellas de su jardín (*Las grosellas*).

A la luz de esta trilogía, publicada un año antes, *La dama del perrito* cobra todo su sentido. A diferencia de Aliojin, los amantes adúlteros se han negado a renunciar a la promesa de la vida nueva, aunque saben –y, sobre todo, sienten– que no existe. Y por eso el final del relato adquiere un significado que va más allá de la historia de una pareja concreta, e incluso del simple marco de una historia de amor, para hablar de la posibilidad de la vida libre en general. «Les parecía que solo era cuestión de tiempo que se encontrara una solución y que comenzara una nueva y hermosa vida. Y ambos tenían claro que el final estaba lejos y que solo empezaba la parte más complicada y ardua»[6].

«*Y* ambos tenían claro...». Es habitual traducir «*Pero* ambos tenían claro...». Este alejamiento de la letra del texto se justifica, sin duda, por el deseo de hacer más lógica la historia, contrastando la esperanza de una solución con la conciencia de que aún está muy lejos. Pero no es la lógica de Chéjov, donde, como en Flaubert, la conjunción prolonga en lugar de oponer. Es la misma apertura del tiempo hacia una libertad lejana la que hace coexistir la esperanza con la incertidumbre. Necesitamos sentir claramente que la vida luminosa está aún lejos. Y es porque está tan lejos por lo que debemos perseverar en la búsqueda del comienzo. Porque no hay etapas fijas entre el comienzo y el fin, y sobre todo porque el comienzo no está en el principio: es una ruptura, un punto de inflexión en el curso de la existencia, y un punto de inflexión cuyo destino se reproduce a cada instante.

---

6 A. Tchekhov, «La Dame au petit chien», *Œuvres*, cit., t. 3, p. 905.

La música del relato

Así se define la moral de los personajes. Pero ¿y el relato en sí? ¿Qué tiene que ser para otorgar toda su intensidad a estas historias de vidas perdidas y a estas aperturas hacia otras vidas posibles? Quizá otro relato de los últimos años del escritor nos ofrezca los primeros elementos de una respuesta. *Iónich* es otro ejemplo perfecto de una vida perdida. Recién instalado como médico del *zemstvo* en una remota provincia, el doctor Dmitri Iónich Stártsev es acogido por la familia culta del pueblo, en la que el padre organiza espectáculos de aficionados, la madre escribe novelas y la hija toca el piano. Enseguida se enamora de la guapa y joven pianista. Pero ella lo rechaza: quiere abandonar este agujero provinciano, ir a estudiar a Moscú y seguir una carrera como artista. Pasan cuatro años, durante los cuales Stártsev se hace con una gran clientela y engorda. Mientras tanto, la joven Kótik ha regresado a casa, completamente desilusionada con sus dotes artísticas, e intenta reconquistar al hombre que había idealizado desde la distancia como el médico entregado al pueblo. Pero un breve encuentro basta para demostrarle a este que «hizo muy bien en no casarse con ella»[1]. Así que deja de frecuentar a la familia para siempre, sigue

---

[1] A. Tchekhov, «Ionytch», *Œuvres*, cit., t. 3, p. 816.

enriqueciéndose sin saber por qué y lleva una vida que, según él mismo, no es vida.

Iónich presenta una nueva historia de una vida perdida, pero también ofrece, de forma más discreta, una pequeña lección de literatura. En la primera velada de Stártsev en el salón de los Turkin, la señora de la casa lee una novela que ha escrito ella misma. La novela narra las obras filantrópicas de una joven y bella condesa que construye en sus pueblos los tres pilares del progreso –hospitales, escuelas y bibliotecas– y que también demuestra su falta de prejuicios al enamorarse de un pintor ambulante. He aquí lo que dice el narrador al respecto: «Estaba leyendo una historia como nunca ocurre en la vida, pero era agradable y fácil de escuchar, y por su cabeza pasaban pensamientos buenos y reposados»[2]. La señora termina de leer, hay un momento de silencio, y durante ese instante oímos el estribillo de una canción popular cantada por un coro en un jardín público. El narrador nos dice que «esta canción decía todo lo que no estaba en la novela y que sucede en la vida»[3].

Este pequeño episodio podría ampliarse de formas que el propio Chéjov se cuida de no introducir: lo que está lejos de la vida real no es solo la edificante historia de una condesa filántropa inventada por una escritora aficionada; también podría ser la obra de un escritor socialista como el *¿Qué hacer?* de Chernyshevski, que igualmente combina amor y militancia, y donde la acción revolucionaria es en esencia obra de una joven que crea una cooperativa modelo de costureras. La novela socialista auténtica, como la novela filantrópica imaginaria, nos muestra personajes que pretenden abrir el camino del progreso rompiendo el ciclo de la repetición y la servidumbre. Pero lo que no logran quebrar es el tiempo homogéneo del que se alimenta la servidumbre. Para ellos, el tiempo sigue siendo un medio indiferente en el que

---

[2] *Ibid.*, p. 803.
[3] *Ibid.*, p. 804.

se llevan a cabo las voluntades de unos personajes que no son a su vez más que la encarnación de ciertas ideas.

Chéjov contrapone el tiempo homogéneo que ejemplifican las novelas de la dama culta al tiempo de la canción popular: una melodía a la vez cerrada y abierta a todas las resonancias, donde «todo lo que ocurre en la vida» se condensa en unos minutos, en especial todo aquello de lo que está hecho el tiempo mismo: sensaciones, afectos, aburrimientos, expectativas, nostalgias y sueños. En sus estribillos, donde la tristeza se convierte en alegría, la canción popular es la forma en la que confluyen las dos dimensiones y los dos afectos del tiempo: la línea recta de la sucesión y las líneas de fuga trazadas por las brechas del instante, la nostalgia de la libertad que está lejos y la llamada de la libertad que está en la distancia. La canción que canta el coro en *Iónich* no es indiferente. Se trata de una de las canciones rusas más famosos, *Luchinushka (Pequeña luchina)*. La *luchina* es la frágil candela hecha con un largo trozo de madera que se utilizaba para iluminar las isbas campesinas. La canción cuenta la historia de una joven novia que se esfuerza por encender la *luchina* para dar la bienvenida a su amado, que se hace esperar toda la noche.

La pequeña canción de la *luchina* combina así una lección de vida con una lección de literatura. A quienes se niegan tanto a desesperar de la vida como a resignarse a su simulacro, les enseña la constancia en la espera de lo que ha de venir, muy tarde tal vez, al final de una noche que probablemente será larga. El novelista cree sin duda que llegará un momento en que la gente ya no querrá vivir como pretende vivir hoy. Pero también sabe que no se puede fijar una fecha para ese momento. Él lo dice y se lo hace decir a sus personajes: dentro de cien años, dentro de doscientos quizá, las gentes comprenderán que ya no podemos seguir viviendo así. Por eso vale la pena intentar ahora hacerles ver lo que no quieren ver. Uno de los personajes de Chéjov, el hermano indignado del egoísta hombre de las grosellas, recomienda el camino difícil: a la puerta de cada persona satisfecha debería haber un «hombre con un mazo»[4], cuyos golpes le recordaran que la desgracia que les ocurre a los demás puede ocurrirle también a él algún día. Pero Chéjov no escribe literatura a golpes de martillo. E incluso le disgusta utilizar una luz demasiado brutal para lo que quiere mostrar. También él prefiere la *luchina*, cuya frágil llama era una especie de respuesta anticipatoria a la «lámpara de Lenin» que, en la década de 1920, simbolizará la luz del progreso llevada por la industria a los hogares campesinos. La *luchina* del escritor no hace tomar conciencia a los ignorantes; se limita a recordarnos que hubo una promesa, la promesa de una vida clara, una vida en la que sabremos por qué vivimos. Hace que las lágrimas de tristeza y las de consuelo tiemblen en la misma vibración.

El problema no es hacer comprender las causas de la desgracia, sino hacer sentir la tristeza de otra manera. Esta es una de las cosas que entiende el hijo de un notable convertido en obrero en *Mi vida*: «Los hechos y los pensamientos de los vivos no son ni mucho menos tan importantes como sus penas»[5]. El escritor de la *luchina* no pretende cambiar el pensamiento de sus lectores para conducirlos a la acción que engendrará una sociedad más justa. Desea cambiar la forma en que se afligen, y para ello quiere ejercer la justicia en el presente. «Hay que ser justos, todo lo demás vendrá por añadidura»[6], le dijo Chéjov a su editor a su regreso del campo de prisioneros de Sajalín. Pero la justicia del escritor está muy lejos de la violencia del hombre del mazo. Es esencialmente una cuestión de precisión y, por lo tanto, de música. Hay que encontrar el tono adecuado para que el dolor de uno sea perceptible a todos y la desgracia de todos a cada cual.

---

[4] A. Tchekhov, «Les Groseillers», *Œuvres*, cit., t. 3., p. 787.

[5] Tchekhov, «Ma Vie», cit., p. 636.

[6] Carta a Alexéi Suvorin, 9 de diciembre de 1890, en A. Tchekhov, *Vivre de mes rêves. Lettres d'une vie*, trad. Nadine Dubourvieux, París, Robert Laffont, 2015, p. 318.

El cochero de *Tristeza* intentaba en vano contar a sus clientes, siempre demasiado apresurados, la desgracia que acababa de ocurrirle con la muerte de su hijo, y solo encontraba a su caballo como confidente. El escritor, en cambio, quiere que esta desgracia sea accesible a los oídos y a la sensibilidad de cualquier transeúnte, como el vagabundo de *Ensueños*, que, cuando tiene tiempo, se sienta en un rincón, coge un librito de cinco kopeks y disfruta del placer de llorar a moco tendido[7]. Para poner lágrimas de alegría en el relato de las lágrimas de tristeza, la escritura debe hacerse música. Uno de los relatos más amargos del escritor, *Los enemigos,* lo pone de manifiesto al hacernos visitar la habitación donde una pareja llora la muerte de su hijo: «En el estupor general, la postura de la madre, el rostro indiferente del médico, había algo atractivo, algo que llegaba al corazón: esa belleza delicada y apenas perceptible de la desgracia humana que aún estamos lejos de comprender y saber describir, que solo la música parece capaz de comunicar»[8]. Es esta suave música la que siente la noble señorita Ilovaskaia una noche de Navidad en la posada que da cobijo temporal a los viajeros atrapados por una tormenta de nieve *(En el camino)*. Allí escucha al exaltado Líjariev relatar la sucesión de desventuras a las que le han conducido las pasiones científicas, religiosas, socialistas y patrióticas que han conformado su vida, mientras se oye gemir a su joven hija, obligada a seguir las locuras de su padre: «Todo lo que acababa de oír resonaba en sus oídos. La vida humana le parecía un cuento poético y maravilloso que no tenía fin [...]. Esta voz de la desgracia humana entre los aullidos de la tempestad conmovió a la joven como una música tan tierna, tan humana, que se rindió a su placer y se echó a llorar también»[9].

---

[7] Tchekhov, «Rêves», cit., p. 1382.
[8] A. Tchekhov, «Ennemis», *Œuvres*, cit., t. 2, p. 26.
[9] A. Tchekhov, «En voyage», *Œuvres*, cit., t. 1, p. 1433.

Convertir la desgracia en canto y las lágrimas de dolor en lágrimas de alegría: para muchos infelices, se trata de una estetización inaceptable de la desdicha que nos impide comprender sus razones y buscar remedios. Pero Chéjov ve las cosas de otra manera. La desgracia fundamental es la servidumbre. Y no hay más razón para la servidumbre que la servidumbre misma. Esta reproduce sin cesar, tanto en los grandes como en los pequeños, las maneras, los afectos y los pensamientos que la perpetúan a su vez. Para romper el círculo, para formar hombres capaces de transformar en realidad la llamada de la vida nueva, hay que cambiar primero las maneras de sentir. Es esta revolución de los afectos lo que el escritor se propone suscitar. Para ello, tiene que contar y modular la historia de la desgracia de otra manera, mezclando sus acentos con los de la llamada lejana. Tiene que crear un encadenamiento melódico que se oponga al zumbido de la servidumbre y penetre más profundamente que esta en la experiencia sensible del ser humano. Es esta batalla ganada la que se relata en otra historia de noche, lágrimas y alegría, que es también un relato sobre el relato: *El estudiante*. El protagonista de esta brevísima historia, el joven Iván, hijo de un pobre diácono y estudiante en una academia religiosa, regresa de cazar en la noche de un oscuro y gélido Viernes Santo. Tiene la abrumadora sensación de que sopla el mismo viento frío que soplaba en tiempos de Rúrik o Iván el Terrible, y que sigue soplando hoy sobre la misma miseria, la misma ignorancia y el mismo dolor. Intuye «que todos esos horrores habían existido, que existían y existirían, y que dentro de mil años la vida no habría mejorado»[10]. Sin embargo, un encuentro casual y una breve evocación invertirán el curso de sus pensamientos. De camino a casa, pasa junto a una hoguera donde se encuentran una anciana y su hija. Mientras habla con ellas, les cuenta la historia de otra noche fría y de otra hoguera, aquella junto a la que el apóstol Pedro se calentaba en

---

[10] A. Tchekhov, «L'étudiant», *Œuvres*, cit., t. 3, p. 315.

el patio donde había negado a Jesús tres veces antes de romper a llorar al pensar en su traición. La viuda debió de oír esta historia el día anterior, en la ceremonia de los Doce Evangelios. Y, sin embargo, rompe a llorar como si el relato sin pretensiones del estudiante, retomando las palabras del Evangelio de San Mateo, hubiera atravesado los siglos de miseria y servidumbre rusas que pesaban sobre sus hombros para restablecer el vínculo más antiguo y profundo que permite a una simple campesina compartir los sentimientos y el llanto de un apóstol que vivió casi dos mil años antes. Esta comunión de los dolores produce en la mente del estudiante una revolución que se traduce en una extraordinaria alegría: siente que todos los acontecimientos de la historia humana están unidos entre sí por la misma cadena; no la cadena de la servidumbre, que reproduce siempre su propia necesidad, sino la cadena de un vínculo más esencial de solidaridad, de un cordón sensible que permite a cualquiera vibrar al son de sufrimientos y alegrías que no son los suyos. Quien toca hoy un extremo de la cuerda escucha la resonancia del otro y se siente parte de una historia de todo punto distinta a la de la servidumbre compartida. Así se siente el estudiante: «Pensó que la verdad y la belleza que regían la vida del hombre allí, en el jardín y en la corte del sumo sacerdote, habían continuado sin solución de continuidad hasta nuestros días y que seguían constituyendo lo esencial en la vida humana y en la tierra en general; y un sentimiento de juventud, salud y fuerza [...], la inefablemente dulce expectativa de la felicidad, de una felicidad desconocida y misteriosa, se apoderó de modo gradual de él, y la vida le pareció deslumbrante, maravillosa y llena de un sentido supremo»[11].

Según Iván Bunin, este era el cuento favorito de Chéjov[12]. El lector puede sorprenderse: la historia es mínima, un joven que regresa a casa cuenta a dos mujeres el episodio de la historia de

---

[11] *Ibid.*, p. 318.
[12] Bounine, *op. cit.*, p. 44.

la Pasión menos susceptible de despertar fervor. Y el simbolismo religioso no es el punto fuerte del escritor, ya que la tiranía de un padre devoto lo ha alejado para siempre del cristianismo. Sin embargo, hay una razón para su predilección por este modesto relato. Para entenderla, hay que fijarse en otra historia de una ceremonia religiosa que se hace eco de él y en la que Chéjov desplegó todas sus dotes de encantador, *Noche de Pascua*. En ella, un hermano lego que hace de barquero en el río se exalta al recordar los maravillosos himnos que un pobre diácono del monasterio había escrito «para su consuelo» con las palabras más tiernas al oído y las metáforas más evocadoras para que «la línea más pequeña se adorne por todos lados, de modo que haya flores, relámpagos, viento, sol y todos los objetos del mundo visible»[13].

Esta noche de Pascua no trata de los misterios de la religión, sino del poder de la escritura, el poder que consuela al permitir que unas lágrimas se intercambien por otras, y que convierte el modesto y a menudo denostado acto de consolar en el poder activo de una tradición humana capaz de superar la apatía de unas vidas condenadas a la servidumbre.

---

[13] A. Tchekhov, «La nuit de Pâques», *Œuvres*, cit., t. 1, p. 1157.

Del canto de la estepa al canto del avetoro

Pero ¿es realmente la vocación del escritor consolar a los que sufren? Aunque Chéjov no tenga portavoz, es difícil no atribuirle a veces los sentimientos que presta a sus personajes. Es el caso de los pensamientos desilusionados que expresa el personaje de Trigorin, por lo demás poco simpático, en *La gaviota*: «Amo este agua, estos árboles, este cielo, puedo sentir la naturaleza, despierta en mí una pasión, un deseo irresistible de escribir. Pero no soy solo un paisajista, también soy un ciudadano; amo a mi patria, al pueblo, siento que, puesto que soy escritor, es mi deber hablar del pueblo, de su sufrimiento, de su futuro, de la ciencia, de los derechos humanos, etc., etc., y hablo de todo eso, me doy prisa, me acosan por todas partes, la gente se enfada, lucho como un zorro perseguido por perros [...] y, al final, siento que lo único que puedo describir es el paisaje»[1].

El paisajista es el enemigo denunciado por todos a los que preocupa mejorar la condición del pueblo. La joven y progresista propietaria de *La casa del entresuelo*, que quiere educar a los pobres, crear dispensarios para tratarlos y expulsar para ello a los corruptos del *zemstvo*, no oculta su hostilidad hacia el artista, que está enamorado de su hermana menor y pinta paisajes en lugar

---

[1] A. Tchekhov, «La Mouette», *Œuvres*, cit., t. 1, pp. 320-321.

de retratar la miseria del pueblo. En cuanto al médico Chéjov, luchó contra las epidemias, participó en el *zemstvo* y creó escuelas. Pero no por ello dejó de acusarse al escritor Chéjov del pecado capital de indiferencia ante la miseria y el sufrimiento del pueblo. Ciertamente no rehuyó describirlos, pero no llamó a combatirlos. Y le gusta pintar el cuadro en su conjunto, combinando los efectos del sol naciente y poniente, las nubes de formas fantásticas, el brillo de la luz sobre el agua, el crujido de las hojas bajo los pies y los cantos de los pájaros en los juncos. Pero quizá la oposición entre el gusto por el paisaje y el interés por el sufrimiento del pueblo sea un poco simplista. Tal vez la pasión por lo primero alimente otra forma de interesarse por lo segundo. Para comprender esta relación paradójica, hay que tomar un desvío bastante largo y fijarse en el primer cuento extenso de Chéjov, escrito en un momento en el que, tras haber publicado quinientos cuentos en cinco años, empezaba a tomarse en serio su trabajo de escritor. Este relato, que inaugura un enfoque diferente de la escritura, es precisamente una historia sobre el paisaje, *La estepa:* un relato de viaje bien enmarcado entre su punto de partida —una pequeña ciudad de provincias— y su punto de llegada, otra pequeña ciudad donde el comerciante Kuzmichof va a vender su lana y a llevar a su hijo Yegorushka a la escuela. En él, no encontramos nada de lo que habitualmente estructura las ficciones: ningún acontecimiento dramático, ningún cambio de dirección, ningún giro inesperado. La narración incluso pierde al mercader por el camino, en busca de su comprador, al que solo encuentra al final, una vez concluida la transacción. Es como si el espacio del viaje anulara la historia de la que debía ser escenario. Lo que queda es la pura línea recta que conduce al niño a un lugar al que no tiene ningún deseo de ir, y hace pasar ante sus ojos un paisaje que no lo espera ni a él ni a nadie y al que no le importa ninguna acción. La narración confiere insistentemente a este mundo inmóvil por el que pasan los viajeros el defecto que los críticos atribuyen al narrador: la indiferencia. En el paisaje que atraviesa el carruaje, todas las cosas, plantas, animales y seres humanos que se ven a su paso, parecen compartir la misma característica: no sabemos por qué están ahí, no lo saben ellas mismas y no tienen fuerzas para querer nada. Las ruedas de un molino giran sin cesar y parece que no quieren abandonar la escena. Un pastor mira pasar el carruaje con indiferencia; una joven tumbada sobre un carro que bloquea la carretera apenas levanta la cabeza ante el insulto que recibe; un saltamontes se deja coger, alimentar y soltar con igual indiferencia; un álamo solitario se yergue, Dios sabe por qué, en medio de la llanura; los grajos revolotean sobre la hierba marchita para aliviar su aburrimiento; un perro que se ha lanzado hacia el carruaje se detiene a medio camino, como cansado por la mera idea de ladrar, y un gavilán se para en pleno vuelo y parece meditar sobre el tedio de la existencia antes de reanudar su camino, «sin que nadie entienda por qué vuela y con qué fin»[2].

El relato que marca una ruptura en la producción del cuentista es, pues, un relato fronterizo que parece eliminar las acciones guiadas por la voluntad humana para sustituirlas por la inercia de las cosas y los seres que están ahí sin razón alguna. Pero esta aparente desertización es también el principio de un nuevo canto. Mientras los adultos duermen la siesta en la hora cálida, la ociosa Yegorushka oye una voz de mujer que entona una canción parecida a un lamento apenas audible que parece venir de todas partes, como si fuera la propia estepa la que canta e intenta convencer al sol, que la está quemando, de su inocencia y sus ganas de vivir. Esta melodía melancólica parece hacer aún más pesada la atmósfera y Yegorushka intenta huir de ella, pero es entonces cuando descubre a la cantante, como disociada de su canto: una campesina con una falda corta y largas piernas de garza, que agita un cedazo del que cae perezosamente un polvo blanco. La indiferencia se ha convertido en sufrimiento, el sufri-

---

[2] Tchekhov, «La steppe», cit., p. 448.

miento en canto, el canto se comparte entre la estepa y la campesina que trabaja, transformando la tristeza en dulzura.

Esta dulzura reinará incontestada en otro momento de quietud paralelo a este: a la hora en que, con la bruma vespertina preludiando la oscuridad nocturna, se olvida la tristeza del día y «todo se perdona». En ese instante es «como si, al no ver ya su edad en la oscuridad, la hierba dejara ascender un concierto de alegría y juventud: los sonidos crepitantes, silbantes, chirriantes, bajos, tenores y sopranos de la estepa se funden en un rumor ininterrumpido y monótono, propicio a la evocación de los recuerdos y a la melancolía»[3]. A este concierto nocturno le sigue un ballet de sombras en el que las formas oscuras recortadas por la luz de la luna adquieren un aspecto fantástico y se funden con todas las figuras forjadas por las leyendas de la estepa, las historias de viajeros y los cuentos de niñeras. Es como si el propio paisaje se contara o se cantara en un relato-mundo en el que la distinción entre realidad y ficción desaparece.

La misma indistinción que marca las formas del paisaje caracteriza también las historias intercambiadas entre los carreteros con los que Yegorushka prosigue su viaje. La visión de una cruz muy cerca del brasero donde los hombres se calientan por la noche es una oportunidad para evocar el crimen que conmemora: el asesinato de dos mercaderes de iconos que, en la posada, habían alardeado demasiado de sus ganancias y fueron asesinados en ese mismo lugar por una banda de ladrones. La historia de este asesinato es una oportunidad para que uno de los carreteros, Panteléi, evoque un viejo recuerdo personal. Una noche, en una posada en la que pernoctaba con un rico mercader, descubrió en el sótano a una banda de granujas que afilaban sus cuchillos para degollarlos, pero consiguió frustrar sus planes. Este es el comienzo de una cadena de «recuerdos» que incluyen sin cesar noches de posada, bandoleros con cuchillos afilados y rescates

---

[3] *Ibid.*, p. 479.

milagrosos. La similitud de todos estos relatos de hechos «vividos» basta para delatar su carácter ficticio. El viejo Panteléi los repite, sin que quede claro si los ha oído a otros o los ha inventado él mismo, aunque ello suponga confundirlos, conforme pasa el tiempo, con sus aventuras reales. Estos relatos son como sombras distorsionadas por la luna. Aunque confunda la realidad vivida, las historias oídas y la pura ficción, el relato queda autentificado por la propia configuración del lugar y del tiempo: «Una cruz al borde de una carretera, fardos negros, un espacio inmenso y la suerte de la gente reunida en torno a una hoguera, todo ello era en sí mismo tan prodigioso y tan espantoso que lo fantástico y lo imaginario palidecían y se confundían con la vida»[4].

De este modo, *La estepa* pone en escena una cierta utopía del relato: un relato que se asemeja al lugar que lo produce, hecho irrefutable por la propia imposibilidad de distinguir entre realidad y ficción. Porque es la realidad de la llanura desnuda y de los accidentes que la salpican, la presencia de los cuerpos en el espacio, los ruidos que los envuelven, las luces del día y las sombras de la noche lo que se transforma en un canto melancólico y en una visión fantástica, capaz de engendrar otras visiones y otros cantos interminables. El paisaje cuenta su propia historia como el sufrimiento de todo lo que está bajo el sol, pero también como la redención de ese sufrimiento, su transformación en un canto unánime en el que creemos percibir, por contraste, «el triunfo de la belleza, la juventud, el florecimiento de la fuerza y la sed apasionada de vida»[5]. Este triunfo solo se ve perturbado por el sentimiento de que sucede en vano, de que despliega su riqueza sin que nadie se beneficie de ella porque nadie ha sido capaz de prolongar su canto.

Parece difícil ver a Chéjov como el cantor que la estepa esperaba en vano. Este largo relato lírico, que marcaba una ruptura

---

[4] *Ibid.,* p. 512.
[5] *Ibid.,* p. 481.

en su concepción del oficio de escritor y anunciaba una continuación, ha quedado, de hecho, como una excepción en su obra. Sin embargo, es razonable pensar que este texto sin posteridad desempeña un papel decisivo en el resto de su obra. Es como si situara al narrador a la distancia justa de su tema, como si trazara, de una vez por todas, la línea donde se anula la famosa brecha entre el paisaje indiferente y el sufrimiento del pueblo. Al convertirse en un canto al dolor y al consuelo, el paisaje «indiferente» enseña el tono adecuado para modular estos «sufrimientos», a igual distancia de la curiosidad pintoresca y de la declamación propagandística. El viaje a través de esta multitud de acontecimientos minúsculos y sensibles, cuya razón no podemos apreciar, sirve para establecer este tono. En la noche de la estepa, cuando el pájaro llamado dormilón grita «Spliu-spliu-spliu»[6] y el búho pasa de la risa al sollozo histérico, el narrador se pregunta por quién lloran y quién los oye. Pero los lectores de Chéjov encontrarán la respuesta a este enigma gracias a otro pájaro al que el autor hace cantar, también sin razón, diez años más tarde, en el más negro de sus cuentos, el que describe más despiadadamente los «sufrimientos del pueblo», no solo los que padece, sino los que inflige a sus propios hijos.

En la hondonada está ambientado en un valle siniestro que apesta a residuos de fábrica y en un mundo pueblerino corrompido por los intereses más sórdidos. La joven y bella Lipa, hija de una jornalera pobre, se ha casado con el hijo de un rico comerciante. Pero su marido, implicado en la falsificación de dinero, es condenado a prisión, dejando a Lipa y a su hijo indefensos ante los celos de su cuñada, Aksinia. En su furia contra la «presidiaria», Aksinia vierte una palangana de agua hirviendo sobre el niño, que muere esa misma noche. Lipa sale del hospital abrumada, con el cadáver de su hijo en brazos, y se sienta junto a un estanque donde una mujer, acompañada de un niño, da de beber

---

[6] «Duermo-duermo-duermo».

a su caballo. A la luz del atardecer, este pequeño estanque se transforma en un paisaje de cuento de hadas que parece escapado de *La estepa*: «El sol se había puesto, bajo un brocado de púrpura y oro, y largas nubes, rojas y moradas, extendidas por el cielo, velaban su descanso. En algún lugar, a lo lejos, no se sabía dónde, un avetoro ululaba sordamente como una vaca encerrada en un establo. Cada primavera se oía el grito de esta ave misteriosa, pero nadie sabía cómo era ni dónde anidaba. Arriba, en el hospital, al borde mismo del estanque, entre los arbustos, más allá de la aldea y en los campos de los alrededores, cantaban con fuerza los ruiseñores. Un cuco contaba la edad de alguien, se confundía y volvía a empezar. En el estanque, unas ranas furiosas se llamaban unas a otras hasta romperse la voz, e incluso se podía distinguir sus palabras: «¡Eso lo serás tú! ¡Eso lo serás tu!» («*I ty takôva! I ty takôva!*») ¡Qué alboroto! Era como si todas aquellas bestias gritaran y cantaran a propósito, para que nadie pudiera dormir en aquella tarde de primavera, para que todos, incluso las ranas furiosas, disfrutaran de cada minuto y lo apreciaran, porque la vida solo se da una vez»[7].

La forma en que el narrador olvida a Lipa y al niño muerto, y se entrega a pintar este paisaje en un estilo cromático, bromeando sobre las ranas que se llaman entre sí y el cuco que confunde sus cuentas, podría considerarse inapropiada. Pero el narrador sabe lo que hace. Sabe lo que puede hacer la literatura: hablar a aquellos y aquellas a los que la vida solo se les da una vez; y, ante todo, tomarse en serio esta frase aparentemente banal. Todos los demás hablan de la vida como si no acabara nunca. La religión promete una vida futura feliz a quienes han soportado el sufrimiento de esta, y Lipa, que es piadosa, sin duda podría contentarse con eso. Pero al escritor que la inventó no le parece bastante para ella. Los revolucionarios prometen cambiar la vida del pueblo, pero la vida de la que hablan no tiene fin, y sus sufri-

---

[7] A. Tchekhov, «Dans la combe», *Œuvres*, cit., t. 3, p. 950.

mientos ni nacen ni mueren. Chéjov espera apasionadamente que los que vivan dentro de cien o doscientos años lleven una vida diferente. Pero la única forma en que cree que puede contribuir a ese futuro es dirigiéndose a los que viven aquí y ahora, que viven mal pero ya podrían aprender a vivir mejor, a apreciar cada minuto de este tiempo que solo se da una vez. «¿En nombre de qué esperar? Esperar hasta que ya no tengamos fuerzas para vivir cuando debemos, ¡cuando queremos vivir!»[8], pregunta el hermano del hombre de las grosellas, rebelándose contra la sabiduría de los satisfechos. Chéjov comparte su exigencia, pero no piensa, como él, que haya que martillear la puerta con un mazo. Prefiere otro solo de bajo, el que escucha de esa estepa sufriente que no cesa de cantar sin razón la ausencia de razón de su dolor y así transformarla en confianza y alegría. «¡Spliu! ¡Spliu! ¡Spliu!», cantaba el pájaro dormilón de *La estepa*, acompañando al búho en su paso de la risa al llanto y del llanto a la risa. En esta música apagada, la estepa expresaba una «sed apasionada de vida»[9], una voluntad sin razón como la de Schopenhauer, pero no tan dolorosa y brutal como la de este: melancólica, sin duda, pero con una melancolía irónica y risueña. Se trata, por supuesto, de una mezcla de tonos difícil de comprender. Y sabemos que Chéjov nunca consiguió convencer a actores y críticos de que las obras que veían como tragedias oscuras eran comedias ligeras. Pero podemos hacernos una idea de lo que quería decir cuando nos deja oír, alrededor de Lipa de luto, al cuco enredado en sus cuentas, a las ranas trompeteando su «¡Eso lo serás tú!» y más aún al avetoro, ese pájaro con voz de astado cuyo canto tiene las mismas propiedades que el melancólico solo de la campesina que resumía el canto de la estepa: como ella, viene de todas partes y de ninguna. Y así es como la literatura puede actuar hoy y ahora.

---

[8]   Tchekhov, «Les Groseillers», cit., p. 788.
[9]   Tchekhov, «La steppe», cit., p. 481.

Este canto áspero pero consolador del pájaro invisible, este canto de todas partes y de ninguna que se dirige a nadie y a todos, da una imagen de la «indiferencia» literaria un poco más rica, un poco más inquietante también, que los tópicos sobre la torre de marfil del artista y la distinción del esteta. El escritor no es el maestro pensador que da preceptos a los constructores del futuro. Pero tampoco es la figura solitaria que esculpe sus frases en mármol para toda la eternidad. Es el que acompaña con su canto, que se ha vuelto anónimo, una vida presente que debe preocuparse a cada instante por hacerse más bella.

Los ojos del soldado

Entonces, ¿qué historias deben contarse a los lectores que están lejos de la libertad pero necesitan mantener los ojos abiertos para detectar su presencia en la distancia? ¿Y cómo deben contarse? Chéjov rara vez imparte lecciones de poética. Pero en ocasiones sus personajes lo hacen por él de pasada, hablando de otra cosa. Y es una doble lección de poética la que nos ofrecen los personajes de una pequeña historia sin pretensiones titulada *En casa*. Un padre viudo se entera por su ama de llaves de que ha sorprendido a su hijo de siete años fumando. El padre es fiscal de profesión, pero también es un hombre de progreso que quiere utilizar la persuasión en lugar de la violencia con un niño afectado por la reciente muerte de su madre. Así que utiliza por turnos los argumentos de la razón para mostrarle su falta y los preceptos de la moral para avergonzarlo. El pequeño Seriozha recibe las razones y las culpas sin parecer especialmente preocupado. Pero no deja de recordar al moralista padre su propio deber: contarle, como cada noche, un cuento. El padre ha agotado su reserva de historias y no es muy bueno inventando argumentos. Así que improvisa sobre la marcha. Su historia se compone de cuadros que se suceden en rápida sucesión. Trata del rey de una tierra legendaria que vive en un palacio de cristal rodeado de un jardín maravilloso: allí florecen tulipanes, rosas y lirios del valle; allí maduran naranjas, bergamotas y picotas; allí cantan pájaros multicolores y las campanillas de cristal que cuelgan de los árboles tintinean delicadamente con la brisa. Pero una sombra inesperada se proyecta sobre este paraíso. El apacible delfín solo tiene un defecto: fuma. Por esa causa, contrae tuberculosis y muere a los veinte años. El viejo rey queda indefenso ante sus enemigos, que lo matan y destruyen su palacio. En lo que fue un maravilloso jardín, ya no hay cerezas, pájaros ni campanillas en los árboles. El niño, conmovido por esta bella y triste historia, decide no volver a fumar.

La moraleja de la historia parece simple, incluso en exceso: no tiene sentido dar lecciones a quienes actúan mal. Es mejor contarles historias que les hablen de sí mismos con otros nombres y dejar que saquen de ellas su propia moraleja. ¿Y no es eso lo que hace el propio escritor para llamar a las gentes de su tiempo a cambiar de vida? Pero el asunto es más complicado. No se trata de endulzar una lección que, de otro modo, resultaría demasiado amarga. El padre no se hace ilusiones: el niño ha sucumbido tan solo al encanto de la historia, al deseo de preservar el jardín imaginario. Mas no se trata simplemente de utilizar un afecto —el placer derivado de la ficción— para suscitar otro: la vergüenza ante la propia vida que la fábula nos presenta. Se trata de originar otra manera de sentir, a través de la propia fusión de afectos contradictorios, o más bien a través de la invención de un afecto que se sitúa en la línea divisoria entre los opuestos.

En cierto sentido, se trata de una vieja cuestión, tan antigua como la pretensión de atribuir virtudes benéficas a la representación de las desgracias o los vicios humanos. Todos conocemos el dilema formulado por Rousseau: ¿cómo inspirar aversión por el vicio y, al mismo tiempo, obtener placer con su representación? Una posible respuesta es reducir el placer, hacer que el vicio de una sociedad o de un medio social sea tan oscuro que resulte insoportable para el lector o el espectador. Este es el enfoque adoptado por uno de los principales escritores de la Rusia del siglo XIX, Saltykov-Schedrín. Es difícil soportar la oscuridad de sus descripciones de la nobleza rusa. Es imposible sustraerse a la repugnancia que provoca el «pequeño Judas», el sórdido antihéroe de *La familia Golovliov*. Tendemos a pensar que este tipo de repugnancia es apta para despertar el odio hacia el orden existente y el deseo de cambiarlo de arriba abajo. Saltykov-Schedrín será, por lo tanto, honrado como un gran antepasado en la Rusia soviética. Pero Chéjov no creía en este tipo de consecuencias. No creía que se pudiera cambiar radicalmente la sociedad a partir del disgusto por la vida que llevamos. El asco sigue siendo una pasión servil que conduce más a menudo al resentimiento que a la revuelta. No son los hombres resentidos los que cambian la vida. Son los hombres que han empezado a sentir los fallos de su propia vida en un tono más verdadero y armonioso. El relato que avergüence a los hombres de nuestro tiempo debe ser como el canto ronco pero consolador del avetoro. Debe lograr que vean, oigan y sientan su desgracia de un modo más feliz haciéndolos llorar dos veces: por la vergüenza que experimentan y por el consuelo que les produce.

La cuestión es cómo conseguirlo. Y también aquí el pequeño relato sin pretensiones nos da algunas pistas. Si el padre logra convencer al niño, es sin haberlo querido, en el momento en que dejó de quererlo, cuando tan solo intentó complacerlo con una bonita historia. Pero también procedió de una manera particular: con cuadros improvisados que se suceden sin orden. Desde luego, este no es exactamente el método de Chéjov. Los episodios de sus relatos no se añaden unos a otros según la inspiración del momento. Pero tienen algo en común con las historias contadas por el fiscal Vikovski a su hijo: se componen de cuadros que se suceden sin que nada los vincule de modo necesario a los anteriores y a los posteriores.

Tomemos, por ejemplo, el relato titulado *Miedo*. El narrador visita a un par de amigos que suelen recibirlo en el campo. Los domingos por la mañana, va al pueblo con el dueño de la casa a comprar *zakuski,* se encuentra con un antiguo criado suyo, un inútil apodado Cuarenta Mártires, que se les pega, y, mientras espera el coche que los llevará de vuelta a la finca, escucha las confidencias de su amigo: este vive con miedo porque tiene la sensación de no entender nada de lo que le pasa, día tras día. En particular, no entiende cómo puede vivir con una mujer que una vez le dijo, para acabar con sus insinuaciones: no te quiero, pero seré una esposa fiel. Tras una alegre cena, el marido, que debe marcharse temprano a la mañana siguiente, se va corriendo a la cama. El narrador se queda solo con la dueña de la casa, que le pide que no se obligue a hacerle compañía. Mientras pasea por el jardín, oye de nuevo a Cuarenta Mártires lamentarse por su vida perdida. De repente, decide no desperdiciar la velada y abraza con pasión a la mujer de su amigo. En la habitación a la que la lleva, ella le confiesa su amor y su deseo de marcharse con él. Al salir de la habitación de madrugada, ella se cruza con su marido, que está buscando una gorra olvidada. La única reacción de este es declarar, una vez más, que no entiende lo que le pasa. Pero es ahora el narrador quien se pregunta por qué las cosas han sucedido como han sucedido, para qué es la gorra y para quién es esta historia, antes de cerrar definitivamente la puerta de una casa donde los esposos continuarán su vida en común.

Una serie de sucesos microscópicos culmina en lo que podría ser un acontecimiento que cambiara la vida de todos los personajes, pero que en última instancia no tiene consecuencias para ninguno de ellos. Son todos «cuadros», pequeños episodios que no forman ninguna cadena causal necesaria. Muchos de los cuentos de Chéjov tienen esta estructura: un continuo temporal, formado por mañanas, tardes y noches, en el que sucede algo que no tenía por qué suceder o, a la inversa, algo que podría suceder y no sucede. El buen padre improvisaba sobre la marcha. Pero, en los cuentos de Chéjov, la vida misma parece estar hecha de improvisaciones sucesivas. Los giros inesperados son tan raros en su obra como las cadenas ineluctables de causa y efecto. Sus personajes no se dedican a grandes empresas que los expongan a reveses de la fortuna. Suelen vivir sus vidas en el límite que separa lo existente y la nada, lo que implica dos escenarios típicos: algo podría ocurrir pero no ocurre; algo ocurre pero sigue siendo coherente con el curso ordinario de los acontecimientos, que se suceden sin razón alguna. Estos escenarios alternativos se ilustran en dos relatos más o menos contemporáneos: *De visita* y *En la patria chica*. En el primero, el abogado Podgorin es invitado por unos amigos cuya historia recuerda a la de *El jardín de los cerezos*: su situación financiera es catastrófica, su casa está a punto de ser vendida y, para salir del aprieto, desearían que el visitante se casara con la hija más joven de la familia. Una escena ejemplar muestra a Podgorin meditando por la noche en una terraza al pie de la cual pasa la bonita Nadezhda, que antes se mecía entre sus brazos y que ahora merodea soñadoramente por la noche. Podría muy bien darle señales de vida, pero guarda silencio, y la joven, que había creído oír un ruido, se marcha, convencida de que no hay nadie, tras lo cual Podgorin se apresura a hacer las maletas. *En la patria chica* nos presenta la situación opuesta. De vuelta a la Rusia profunda tras la muerte de su padre, la joven Vera se horroriza al encontrar una provincia y una familia donde la costumbre de golpear a los siervos sigue viva en la mentalidad de la gente. Su codiciosa tía está decidida a casarla con el rico del lugar, el médico e industrial Neschapov. Ella no siente ninguna atracción por él, pero al final lo tomará por esposo porque, pensando bien las cosas, no tiene razón alguna para no hacerlo.

Uno huye, la otra se queda. Pero ambos han renunciado también a la posibilidad de otra vida. A veces esa posibilidad se juega en un solo instante. Tal es el caso tanto de Podgorin como del protagonista de *Miedo* o del joven estadístico Ognev en *Vera*. La misma historia puede desarrollarse a lo largo de unos pocos días que resumen toda una vida, como en *Vladímir el Grande y Vladímir el Pequeño*, donde la protagonista, Sophie, comienza expresando su turbulenta alegría de joven enamorada del apuesto anciano con el que acaba de casarse (Vladímir el Grande), antes de entregarse a la mañana siguiente a su amor de toda la vida (Vladímir el Pequeño), que la abandona al cabo de una semana, tras la cual la vida vuelve a su curso habitual y los dos Vladímir prosiguen sus partidas de billar y de cartas. La historia de casi nada también puede extenderse a lo largo de varios meses. Es lo que ocurre en *Una historia aburrida*, donde los días se suceden, siempre parecidos, en la vida del viejo profesor, divididos entre la rutina familiar organizada por una esposa y una hija mediocres y las escapadas nocturnas a casa de su ahijada, una actriz fracasada al estilo de *La gaviota*, a la que le une un amor inexpresable, hasta la despedida definitiva, cuando el profesor, que espera la muerte en una habitación de hotel, aguarda en vano que la joven que se marcha, vuelva por última vez.

Es cierto que algunos destellos mortíferos atraviesan de vez en cuando este tiempo uniforme: la cacerola de agua hirviendo derramada por la mujer celosa sobre el hijo de Lipa, la botella y el hierro utilizados por la esposa del viejo creyente Jacob para golpear en el cráneo al primo Matvéi, o el arsénico administrado por Máshenka en *Las buenas esposas* a su marido, que tuvo la mala idea de regresar del servicio mientras ella vivía la buena vida con un amante más de su gusto. También está el absurdo disparo de pistola del joven Volodia en el relato del mismo nombre, que pone fin a su vida porque la joven a la que tuvo la osadía de abrazar se había burlado amablemente de sus comienzos en la carrera de seductor. Pero tal violencia no deja de ser una excepción. Sin duda, la audacia de Máshenka hace soñar por un momento a las dos jóvenes infelices en su matrimonio, que se enteran del relato por un viajero de paso. Pero el viajero parte con su historia y la vida sigue como antes para la mujer cuyo marido la engaña y para la mujer que engaña a su marido.

Hay una razón por la que tales acciones violentas son poco frecuentes en los relatos de Chéjov: los grandes actos de violencia implican grandes causalidades y exigen grandes explicaciones.

Para algunos, es la miserable situación del pueblo oprimido e ignorante, la presión del medio social o la inicua condición de la mujer; para otros, es el abandono de la religión, las ideas criminales introducidas por pensadores subversivos o las neurosis de una sociedad desordenada. Chéjov no quiere saber nada de eso. No hay grandes causas sociales, psicológicas o ideológicas que expliquen y justifiquen el comportamiento de los personajes. Una vez más, la servidumbre es la única causa de sí misma y los individuos son los únicos responsables de una vida miserable que podrían mejorar. En cada momento, les corresponde elegir entre dos fórmulas, que son dos maneras de tratar el tiempo: *todo pasa* o, por el contrario, *nada pasa*, *todo deja huella*. Se sigue el curso normal de las cosas o se responde a la singularidad del momento en que se oye la llamada de otra vida. Este compromiso ético se refleja en la forma del relato, compuesto de momentos separados que se suceden sin necesidad y que igualmente podrían ser otros. Bastaría que los personajes eligieran dar el paso. De manera excepcional, lo hacen, como Nadia, la protagonista de *La novia*, que abandona el hogar familiar. Pero lo que le ocurre entonces va más allá del punto en que termina el relato. Es cierto que Chéjov simpatiza con la joven, pero su tarea no consiste en inventar su futuro, sino en trazar la línea de la que ella misma empieza a desviarse y acompañarla hasta el estrecho borde por el que sus personajes caminan entre algo y nada. Por eso, en su obra, la historia es, la mayoría de las veces, simplemente la posibilidad de una historia: «la introducción a una historia»[1], como dice el infeliz amante de la caprichosa *Ariadna*. Pero es persistiendo en este límite como Chéjov pretende dar testimonio de una sociedad y de una época, es decir, ante todo, de una manera de vivir... o de no vivir.

Esta pretensión parece desproporcionada. Pero la desproporción es en sí misma el principio de una poética. Para entenderlo,

---

[1] A. Tchekhov, «Ariane», *Œuvres*, cit., t. 3, p. 529.

tenemos que completar la lección que nos ofrece *En la casa*, pero también debemos cambiar de maestro. Ahora es el pequeño Seriozha quien tiene que enseñarnos. Este niño, al que le encanta dibujar, ha recibido una crítica aparentemente fundada de su padre: descuida las proporciones y ha dibujado un soldado más alto que la casa junto a la que está. Pero el niño no se deja desarmar y da una respuesta irrefutable: si hubiera dibujado al soldado a escala, no se le verían los ojos. La prioridad es ver los ojos del soldado. Y para ello hay que aceptar la desproporción. Al parecer, el joven Seriozha practica una estética impresionista. El narrador nos dice que reproduce a lápiz no solo los objetos, sino también sus sensaciones, y que tiene sus propias ideas sobre los colores de las letras: dibuja las *l* en amarillo, las *m* en rojo y las *a* en negro. Chéjov no se ocupa de correspondencias ni de sinestesias. Pero también él piensa que lo importante es pintar los ojos de la gente y que para ello se pueden descuidar las proporciones de las historias bien cosidas. A su hermano, que también intentaba componer relatos, siempre le daba la misma lección: se puede prescindir del *argumento*, lo que cuenta es el *tema*[2]. Para él, el tema es el pequeño momento, condensado del tiempo ordinario, en el que podemos ver a individuos que observan ellos mismos lo que ocurre y sienten el aliento de la servidumbre o la llamada de otra vida. Y es la percepción que ellos tienen de sus vidas, sus sensaciones, lo que Chéjov pinta en cada momento. Esto es lo que otorga a sus descripciones su carácter especial: nos ofrecen poca información sobre la decoración doméstica y el mobiliario en el que viven sus personajes. En cambio, envuelven sus sensaciones en la espesura de una atmósfera, la luz de un amanecer o de una puesta de sol, el juego de las nubes en el cielo, los cantos lejanos o el sonido de las campanas a una hora determinada del día o de la noche. Y es así como estas

---

² Carta a A .P. Chéjov, 11 de abril de 1889, en A. Tchekhov, *Vivre de mes rêves. Lettres d'une vie*, cit., p. 218.

pequeñas escenas adquieren el poder de condensar una realidad global con la que parecen desproporcionadas: la de una sociedad, una época, un modo de vida.

Un cuadro tras otro, una tonalidad tras otra. Como ocurre a menudo con Chéjov, la música ofrece una analogía significativa. Uno de sus cuentos más inspirados, *El caramillo*, describe un encuentro, un día pesado y lluvioso, entre el administrador de una finca y un viejo pastor. En él, el pastor pronuncia un largo alegato contra la destrucción de la naturaleza por el hombre, un alegato del que se hace eco el doctor Ástrov en *Tío Vania*. También es músico a su manera, pues toca un caramillo campestre que él mismo se ha fabricado. Pero su música es muy particular: «Utilizaba solo cinco o seis notas, hilándolas perezosamente, sin intentar fundirlas en un motivo [...]. Las notas más agudas temblaban y rompían en gritos inconsolables, como si el caramillo hubiera sentido dolor y miedo; las más graves evocaban la niebla, unos árboles apenados, un cielo gris»[3]. El intendente, al oírlas, siente «una amargura, una pena terrible, al pensar en el desorden que se observaba en la naturaleza»[4].

El escritor paisajista comparte sin duda esta tristeza. Pero lo entristece aún más el desorden que existe en la forma en que los seres humanos que lo rodean viven –u olvidan vivir– la vida que solo se les ha dado una vez. Los pensamientos y comportamientos erráticos de sus personajes pueden asemejarse a esas largas notas estiradas. Pero él se preocupa, por su cuenta, de ensamblarlas en un canto. Se preocupa de unir los acentos de tristeza con la línea melódica del consuelo. Es la misma línea que se mezcla con los acentos de la renuncia y la resignación, e introduce la promesa de una felicidad posible. Los dos escenarios típicos del que huye y del que se resigna ofrecen dos versiones con tonos más claros o más oscuros, pero igualmente tranquilizadores. El silencio de

---

[3] A. Tchekhov, «Le pipeau», *Œuvres*, cit., t. 2, pp. 273 y 280.
[4] *Ibid.*, p. 282.

Podgorin hacia la mujer que lo espera en la noche y le promete una felicidad que está a la vuelta de la esquina, pero que él rechaza, da la impresión, incluso en el modo de la renuncia, de la música de otra felicidad más lejana pero más elevada: «En aquel momento, sentado allí en aquella torre, habría preferido ver un buen espectáculo de fuegos artificiales o una procesión a la luz de la luna, o volver a oír a Varia recitar *El ferrocarril*, o a otra mujer que, en el lugar donde ahora estaba Nadezhda, hubiera contado algo interesante, algo nuevo, sin relación con el amor ni la felicidad, o, si hubiese hablado de amor, habría sido una llamada a nuevas formas de vida, elevadas y sensibles, formas de las que quizá ya estamos muy cerca y que intuimos de vez en cuando...»[5].

La resignación de Vera a la grisura de un agujero dejado de la mano de Dios y de un matrimonio sin amor no va acompañada de ninguna promesa de felicidad aún desconocida. Pero la historia la sigue arrullando con el canto de la estepa: «La hermosa naturaleza, los sueños y la música dicen una cosa, la realidad otra. La felicidad y la verdad existen sin duda en alguna parte, fuera de la vida... No debemos vivir, sino fundirnos en esta estepa exuberante, infinita y tan indiferente como la eternidad, con sus flores, sus kurganes y sus lugares lejanos, y entonces todo irá bien...»[6].

Todo irá bien: hay que prestar oídos tanto a la amarga ironía de una frase que hay que traducir en su contrario como a la dulzura de la música que la acompaña. Los mismos puntos suspensivos se hacen eco del entierro de Vera en la estepa indiferente y de las nuevas formas de vida que surgen en el silencio de Podgorin. En el relato mismo de las vidas perdidas, el canto mantiene la promesa a la que los personajes han renunciado.

---

[5] A. Tchekhov, «Chez des amis», trad. Edouard Parayre, *Œuvres*, París, Editeurs français réunis, t. 18, 1962, pp. 349-350.

[6] A. Tchekhov, «Dans son coin natal», *Œuvres*, cit., t. 3, p. 749.

Sin principio ni fin

El relato brinda testimonio de su propio tiempo y abre la posibilidad de otro tiempo, con dos condiciones que a primera vista parecen incompatibles: la primera es que se renuncia a explicarse por ese tiempo, que su propia temporalidad no tiene exterior; la segunda es que se niega a cerrarse sobre sí mismo. Su unidad es la de una frágil línea melódica que recorre la discontinuidad de episodios que no están necesariamente vinculados entre sí. Pero también debe surgir de la nada y desvanecerse sin concluir. Es esta exigencia paradójica la que resume la ocurrencia de Iván Bunin: «Cuando un relato está terminado, en mi opinión habría que suprimir el principio y el final. Ahí es donde más mentimos los escritores»[1].

No mentir es la condición absoluta para que la escritura conserve la medida de la libertad distante. Pero, en literatura, la mentira no tiene que ver con la veracidad de los hechos narrados. Tiene que ver con la forma en que se vinculan entre sí. Se trata del modo de temporalidad que la asegura. La gran mentira sobre el tiempo es la que lo identifica con la necesidad. Y esta mentira es especialmente cierta en el caso de los comienzos y los finales. El comienzo es engañoso cuando se identifica con el punto de par-

---

[1] Bounine, *op. cit.*, p. 33.

tida de una cadena causal que explica la acción y justifica a los personajes aplicando determinismos sociales o psicológicos. El final es engañoso cuando da a entender que la acción ha llegado a su término y que nada más puede salir de su desarrollo. Un escritor comprometido con la verdad pone en funcionamiento la acción y los personajes, y los deja en plena marcha. Pinta las cosas «como son», es decir, en el medio, sin imponerles un principio del que serían las consecuencias, ni un final al que necesariamente conducirían. El relato de Chéjov nunca comienza hablándonos de la vida anterior de los personajes ni describiendo el medio en el que viven. La mayoría de las veces, basta con mencionar una hora y un lugar para dar comienzo a la narración. «Eran ya las diez de la noche. La luna llena brillaba en el jardín de los Shumin y las vísperas [...] acababan de terminar»[2]: así comienza *La novia*. «Todavía estaba anocheciendo, pero ya, aquí y allá, brillaban luces en las ventanas [...]. Láptev, sentado en un banco cerca del porche, esperaba a que terminaran las completas»[3]: así empieza *Tres años*. Y *El estudiante* reduce la introducción al mínimo: «Al principio, el tiempo era bueno y tranquilo»[4]. Después de un comienzo así, puede pasar cualquier cosa.

Pero no basta con que el punto de partida sea indiferente. También debe rechazar cualquier historia anterior de la que sea punto de llegada. De modo significativo, esta exigencia se impone con más fuerza allí donde el personaje parece encarnar mejor una figura característica de la época. Esto es particularmente cierto en *Mi vida*, la historia del hijo de un notable que se convierte en obrero. En contra de lo que el título nos haría esperar, y a lo que nos han acostumbrado los relatos biográficos de los que estaba lleno el siglo de Chéjov, la «vida» de Misáil no co-

---

[2] Tchekhov, «La fiancée», cit., p. 983.
[3] Tchekhov, «Trois années», cit., p. 365.
[4] Tchekhov, «L'étudiant», cit., p. 314.

mienza con su nacimiento y no nos cuenta nada de su infancia, de la pérdida de su madre, de sus ilusiones o de su tristeza. Comienza en un momento preciso con un diálogo cómico. A un jefe de departamento que le dice que, sin la consideración de su padre, hace tiempo que lo habría mandado a tomar viento, Misáil responde simplemente: «Me halaga usted demasiado, Excelencia, al suponer que puedo volar»[5]. Con esta broma comienza «su» vida, la vida que la historia desarrollará a continuación. Aún más significativo es el comienzo de la historia del revolucionario sin revolución en *Historia de un desconocido*, que prescinde de cualquier explicación de la situación en la que lo conocemos: «Por razones que no es necesario explicar ahora, tuve que trabajar como ayuda de cámara de un funcionario petersburgués llamado Orlov»[6]. Pero no son solo las razones por las que entró al servicio de Orlov las que permanecen inexplicadas. Mucho más radicales son las que lo convirtieron en revolucionario y las acciones que emprendió a raíz de ello. Nos cuenta de pasada que Zinaída, la amante despechada de Orlov, se retorcía las manos al oír el relato de sus «asombrosas aventuras»[7], pero no dice ni una sola palabra sobre estas aventuras en sí. La «vida» del hombre sin nombre comenzó con la primera línea de su relato y se interrumpirá con la última.

El problema de un final que no es un final es mucho más difícil que el de un principio. Por supuesto, la preocupación de Chéjov por cómo terminar algo que no tiene final no es exclusiva de él. Marca una época que ha abandonado las grandes novelas de la voluntad conquistadora, en busca de posiciones sociales o mujeres inalcanzables, para seguir la multiplicidad de acontecimientos sensibles que tejen la trama de toda vida. Para todos

---

[5] Tchekhov, «Ma vie», cit., p. 581.
[6] Tchekhov, «Récit d'un inconnu», cit., p. 117.
[7] *Ibid.*, p. 188.

aquellos que, como Flaubert, ya no creen en los grandes encadenamientos de causas y efectos, es una tontería querer concluir. El hecho es que hay que poner un punto final a lo que podría prolongarse de modo indefinido. Está la solución del golpe de fuerza tan utilizada por Joseph Conrad, por la que un aventurero en *Lord Jim* o un noble padre en *Nostromo* se encargan de eliminar a un protagonista que, de otro modo, seguiría vagando perpetuamente. Está la solución de Flaubert: el final, tan tonto como la vida misma, que confirma la inutilidad de los grandes sueños, como el burdel de La Turque, cuya visita fallida es lo mejor que han tenido Frédéric y Deslauriers; el regreso de *Bouvard y Pécuchet* a la copia; la cruz de Homais al final de *Madame Bovary*. Chéjov la imita a veces, por ejemplo en *Un reino de mujeres*, donde la protagonista, después de recordar la bendita época en que no era propietaria de una fábrica, de contemplar la posibilidad de emprender diversas acciones filantrópicas y de soñar con casarse con uno de sus obreros, se siente, a pesar de todo, satisfecha con las mundanidades de la fiesta anual y constata, riendo y llorando con su criada por los amores infortunados, la inutilidad de todos sus sueños de cambio: «¡Somos unas tontas! ¡Ay! ¡Qué tontas somos!»[8].

A veces, Chéjov incluso se limita a descartar el «final de la historia», como en *Ariadna*, donde el narrador nos dice que no sabe cómo terminó la triste historia del amante asesinado de la joven. Pero, aunque comparte la concepción de Flaubert o de Conrad sobre la verdad literaria, Chéjov no abraza la visión nihilista que estos dos escritores asocian con ella. Si no hay final, no es que todo pase y nada tenga sentido, es que la libertad está siempre lejos y siempre en lontananza, y debemos respetar la distancia que nos separa de ella y nos convoca al mismo tiempo. Por eso opone el final tonto al final dividido o suspendido.

El primero se ejemplifica con el final de *Duelo*. Este extenso relato se centra en la hostilidad entre dos personajes. El primero

---

[8] A. Tchekhov, «Un royaume de femmes», *Œuvres*, cit., t. 3, p. 301.

es Layevski, un funcionario perezoso que ha recalado en ese puerto del mar Negro huyendo con la mujer que ha arrebatado a su marido, pero de la que ahora desea deshacerse. Frente a este indolente, que juega a ser un hijo de su siglo a lo Oneguin, está el hombre del progreso, Van Koren, el científico zoólogo que se ha trasladado hasta allí por sus investigaciones, pero también un darwinista fanático que cree que la sociedad debe eliminar a los parásitos como Layevski. Tras el duelo abortado en el que pierde la oportunidad, el relato se bifurca. Layevski se enmienda, trabaja para pagar sus deudas y se casa con su compañera, ahora viuda. Van Koren se arrepiente de su intransigencia. «Nadie conoce la auténtica verdad»[9], le dice a Layevski antes de abandonarlo para embarcarse. Esta podría ser la última palabra, y Layevski la toma como tal. Pero, al contemplar el bote de Van Koren, que lucha por alcanzar el barco en medio de un mar embravecido, ve en él una metáfora de la marcha de los hombres hacia la verdad, que resume en una fórmula que Lenin retomaría y retorcería unos años más tarde: «Dos pasos adelante, un paso atrás». «Quién sabe», concluye, «tal vez lleguen a la auténtica verdad»[10]. Es una segunda última palabra. Pero esta metáfora del futuro vista en el avance del bote se contradice de inmediato con la observación de uno de los espectadores, que observa prosaicamente: «No se ve ni se oye nada». Esta sería una tercera última palabra. Pero aún no es el final, porque el relato terminará con una caída del telón confiada a la indiferencia de la naturaleza: «Comenzó a caer una fina lluvia»[11].

El final en suspenso se expresa de forma más sutil, más condensada, en la contradicción que una notación descriptiva suele aportar a la conclusión lógica de la historia. El mejor ejemplo de ello es el final de *Historia de un desconocido*: el protagonista –o

---

[9] A. Tchekhov, «Le Duel», *Œuvres*, cit., t. 2, p. 907.
[10] *Ibid.*, p. 910.
[11] *Ibid.*

antihéroe– del relato va a devolver a su padre natural, el funcionario Orlov, a la niña que tiene a su cargo tras el suicidio de la madre en el extranjero. Adora a la pequeña, pero no puede quedársela porque está en la fase final de la tuberculosis y ha de velar por su futuro. Orlov nada puede hacer con la niña. Por fortuna, tiene un amigo influyente, el abogado Pekarski. Este es incapaz de entender nada relacionado con los sentimientos. Pero es capaz de abrir todas las puertas y resolver todos los problemas de quienes acuden a él. Orlov le confía la tarea de encontrar una solución, y pronto escribe al protagonista que todo está arreglado: Pekarski ha encontrado una institución que puede hacerse cargo de la niña.

La historia queda así cerrada, salvo por una última frase que la reabre por completo: «Mientras yo leía esta carta, Sonia, sentada en la mesa, me miraba atentamente sin pestañear, como si supiera que se estaba decidiendo su destino»[12]. Es evidente que la mirada de la niña no cambiará en nada su suerte, ya que el protagonista está obligado a separarse de ella. Sin embargo, esta mirada es suficiente para hacer que el final quede en suspenso. Contradice el mundo de arreglos mezquinos y grandes cobardías en el que el «liberal» Orlov y su amigo, el ingenioso Pekarski, son los amos; hace brillar la luz de otro futuro en el reservado a la niña. El protagonista ha terminado su tarea, la niña ha sido colocada. Pero su mirada no, y es ella la que tiene la última palabra: una última palabra que dice que nada está acabado, que la libertad sigue lejos, en lontananza.

Este final en suspenso adquiere todo su sentido por el hecho de que concluye –sin concluir– la historia que ha enfrentado a un liberal cínico y a un revolucionario en bancarrota. Frente a los progresistas que pretenden trazar los caminos del futuro y los nihilistas que proclaman la vanidad de cualquier porvenir que no sea el retorno de los individuos y de las civilizaciones al polvo, la

---

[12] Tchekhov, «Récit d'un inconnu», cit., p. 203.

escritura de Chéjov esboza obstinadamente una apertura indecisa del tiempo. El país libre está aún muy lejos, y la distancia que nos separa de él no puede medirse, lo mismo que el camino que conduce hasta allí. Pero esta distancia es también lo que nos une a él: lo que sueñan los personajes de la ficción, a lo que muchos renuncian pero otros intentan cruzar de diversas maneras y con suertes a menudo contrarias. El escritor no comparte ni condena sus esfuerzos ni sus ilusiones, pero lo que hace es dar a esa libertad el tiempo de su inconmensurable medida: ese tiempo impulsado por la implacable máquina de la reproducción, pero que, de pausa en pausa y de enganche en enganche, se desgarra y se desdobla en el tiempo de una libertad presentida que se niega a terminar pero que sigue siendo una posibilidad en suspenso. Podríamos llamar a esto una política de la literatura.

Índice general

ISBN: 978-84-460-5430-6
128 páginas

En 1790, Kant introdujo el arte de los jardines en las Bellas Artes y las escenas de la naturaleza libre, desencadenada, en la filosofía. El mismo año, Wordsworth veía señales de la revolución en los caminos y riberas del campo francés, al tiempo que Burke denunciaba a los *levellers* revolucionarios que aplicaban a la sociedad la simetría de los jardines a la francesa.

En este brillante ensayo, Rancière nos guía por un siglo de debates sobre el arte del paisaje, en una reflexión sobre esta revolución de las formas de la experiencia sensible en la que saca a la luz el sentido político de las mismas.

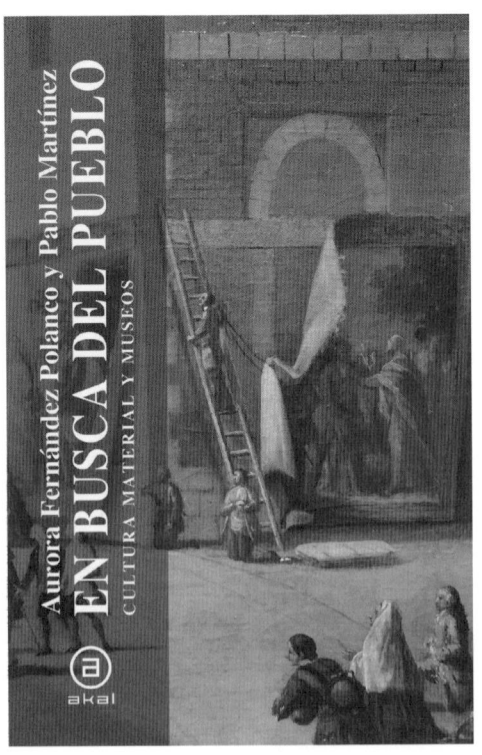

ISBN: 978-84-460-5709-3
288 páginas

En un contexto de embates contra la memoria y discursos monolíticos sobre el pasado, este libro aporta una mirada inédita sobre una de las instituciones más importantes de la configuración de la esfera pública. A partir del estudio de las colecciones de veintitrés museos de Madrid, Aurora Fernández Polanco y Pablo Martínez proponen una arqueología de la modernidad desde aquello que se muestra (y se oculta) en las colecciones públicas. Confiados en que no existen «ni museos pequeños, ni grandes hombres», los autores elaboran una historia del arte «desde abajo», orientada a desvelar las narrativas latentes en imágenes y objetos aparentemente marginales.

ISBN: 978-84-460-5308-8
512 páginas

El momento analírico es un esfuerzo de lectura e historización de una serie de piezas de arte y poesía mediante las que se relata la ruptura de las formas y premisas estéticas del medio siglo organizada en España entre 1964 y 1983 por varios grupos de jóvenes artistas y poetas. Dichas piezas incluyen diversas formas de lingüisticismo radical que a duras penas se inscriben en el marco de la poesía «discursiva» o «normal», como son los trabajos de ZAJ, varios grupos y poetas practicantes de la poesía concreta como NO o CPAA, la zona de conceptualismos que se articuló mayoritariamente en Cataluña y la obra de autores como Aníbal Núñez, José-Miguel Ullán, Ignacio Prat, José Luis Castillejo, Isidoro Valcárcel Medina y Rogelio López Cuenca.

ISBN: 978-84-460-4844-2
152 páginas

Dos filósofos conversan sobre la situación del arte en la actualidad: lo que quiere decir de hoy en adelante, lo que, lejos de ser una palabra anticuada, nos permite reflexionar de nuevo. El elaborado pensamiento de Jean-Luc Nancy sobre este tema es retomado y también continuado en el curso de una discusión en la que Lèbre se interroga con él sobre la mejor manera de aprehender el compromiso del cuerpo sensible en la actividad artística y la aproximación a las obras, la relación del arte con la técnica, la historia, su modulación en las artes tradicionales y nuevas, su posición actual frente a la religión, la política y la literatura.

ISBN: 978-84-460-4859-6
432 páginas

En el presente libro, Peter Sloterdijk toca todos los géneros
modernos de las artes, desde la música hasta la arquitectura,
desde el uso de la luz hasta el arte del movimiento, desde el diseño hasta la tipografía. Transita por todos los campos de lo visible y lo invisible, de lo audible y lo inaudible, en un arco histórico que se extiende desde la Antigüedad hasta Hollywood.
Cuando aplica su particular método de distanciamiento del dis-
curso a la contemplación de obras y géneros artísticos, los objetos descritos se muestran súbitamente bajo una luz diferente, y
con su despierto y combativo sentido de la actualidad nos conduce lejos, muy lejos de los caminos trillados del comentario
artístico.